印度农业现代化研究

（1966—1989）

谢勇 著

中国出版集团有限公司
研究出版社

图书在版编目（CIP）数据

印度农业现代化研究（1966-1989）/谢勇著.—
北京：研究出版社，2025.5
ISBN 978-7-5199-1527-8

Ⅰ.①印… Ⅱ.①谢… Ⅲ.①农业现代化—研究—印
度 Ⅳ.① F335.132

中国国家版本馆 CIP 数据核字（2023）第 120652 号

出 品 人：陈建军
出版统筹：丁　波
责任编辑：谭晓龙

印度农业现代化研究（1966—1989）
YINDU NONGYE XIANDAIHUA YANJIU（1966—1989）

谢勇　著

研究出版社 出版发行
（100006　北京市东城区灯市口大街 100 号华腾商务楼）
北京中科印刷有限公司印刷　新华书店经销
2025 年 5 月第 1 版　2025 年 5 月第 1 次印刷
开本：787 毫米 ×1092 毫米　1/16　印张：11.75
字数：214 千字
ISBN 978-7-5199-1527-8　定价：85.00 元
电话（010）64217619　64217652（发行部）

目　录

导　论

印度是一个人口众多，且农业在其国民经济中至今仍然占据重要地位的发展中国家。农业是就业人数最多的部门，是工业发展的基础，农产品是重要出口商品；因此农业发展的程度与进程影响着印度经济建设与现代化发展，进而影响其国内政治社会的稳定，甚至南亚地区国际关系格局。

英属印度时期，由于英国殖民者对印度经济的恣意分工与盘剥，印度农业陷入畸形发展，印度群众面临着广泛、严重的粮食问题，"棉织工人的白骨使印度平原都白成一片了"。独立后的印度仍然没有摆脱粮食短缺问题。尼赫鲁政府为了将印度建成一个"有声有色的大国"，仿效苏联的成功经验，制定"五年计划"，把国民经济发展的重心放在重工业方面，农业未能得到应有重视。在农业计划与政策制定及发展上，尼赫鲁政府将注意力集中在实施土地改革上，但遭遇重重阻力，未能取得有效成果，导致印度农业发展停滞不前，因而粮食问题仍未得到解决。1964年尼赫鲁辞世后，继任者夏斯特里认识到前任在农业发展规划与发展中的问题，逐步开始将尼赫鲁的以土地改革为中心的农业发展政策转变为以提高农业技术为主的农业发展新战略，为印度农业领域的"绿色革命"奠定了基础。1966年，夏斯特里因心脏病发作骤然结束了自己短暂的执政生涯，尼赫鲁的女儿英迪拉·甘地临危受命，继任为印度总理。

执政伊始，英迪拉政府就面临政治、经济等方面的内忧外患。国大党分裂、外债高筑、粮食短缺、外汇储备几近为零，整个印度处于混乱震荡之中，迫使其大幅度改变尼赫鲁政府时期的政治、经济与社会发展政策，其中在农业领域内实施的以农业科学技术为核心，同时加大资本投入的农业发展新战略，即"绿色革命"，成果举世瞩目。印度开始通过引进并培育新的高产良种，增加农药、化肥的使用，推广农业机械化，建设与改造灌溉设施，极大促进了印度农业生产力的提高，解决了长期面临的粮食短缺问题，甚至实现了粮食部分出口。同时伴随着农业生产率的提高与农村劳动力关系的改变，辅助印度关于农业的发展，最终推动了印度农业现代化的发展。"绿色革命"在取得巨大成绩的同时，也带来了相应的消极影响：因为土地改革的停滞与农业科技发展加剧了农村贫富分化与社会冲突；过度使用农药、化肥造成严重的环境问题以及农业生产率停滞的农业危机等。

总之，二十世纪六十年代中期，印度政府推行"绿色革命"，极大地促进了印度农业结构、农村经济及农民素质的提升，加快了印度农业现代化的发展进程，推动着印度农业、农村及农民从传统向现代的积极转变。因此，对"绿色革命"与印度农业现代化的发展进行深入研究，有助于我们了解印度农业的发展历程，理解今天印度农业、农村及农民的现状，进而能够更加深入分析印度现代化的进程与特点。希冀探讨出发展中国家农业现代化的一些共同规律，并能为我国农业现代化的建设和发展提供一些有益的借鉴。

"绿色革命"这一概念是 1968 年由美国国际开发署（United States Agency for International Development, 即 USAID）主任威廉·高德（William Golde）首次提出，最初只是代指对农作物品种的高产改良，甚至特指以小麦和水稻为主的粮食作物高产种子的培育与应用。他认为在当时中南美、东南亚、南亚，甚至非洲发生了一场农业发展过程中，因为农业科技的应用与推广引发的新巨变，可以视为农业革命，因此称之为"绿色革命"。[1] 自此，"绿色革命"就被许多媒体采用，用来表达自二十世纪中叶开始在广大发展中国家进行农业生产革新带来的粮食产量暴增的盛景。"绿色革命"并非起始于印度，而是从二十世纪四五十年代墨西哥农业部与美国农业科学家共同努力开展的良种培育开始推广的。墨西哥农业发展取得的成功经验为印度提供借鉴，从而开启了印度特色的"绿色革命"。

总体来说，农业现代化是指从传统农业向现代农业转化的进程及相关的措施，是整体现代化的一个重要内容，但就农业现代化的具体定义而言，则没有形成共识。印度独立伊始，尼赫鲁政府认识到在实现全面工业化的同时，也需要农业领域的现代化作为补充，并制定了印度农业现代化发展的四大目标：增加农作物的产量，以保障粮食供应与满足工业化的需要；增加农业的就业机会，特

---

[1] Dani Wadada Nabudere, *Form Agriculture to Agricology:Towards a Global Circular Economy*, Real African Publishers, Johannesburg, 2001, pp.55-56.

别是为农村中最贫困阶层创造提高收入的机会；减轻人口对土地的压力，剩余劳动力逐渐向第二、三产业部门转移，最好在农村与半城市地区消化；缓解农村地区的收入差异。英迪拉政府开始的"绿色革命"给予印度农业现代化以新的内容，即生产技术进步，包括改良作物，增加化肥、农药的施用量，提高农业机械化与改进灌溉设施；农业资本化，包括国家信贷政策倾斜、降低赋税、提高补贴；农业产业化，包括农业一体合作化、农业产业多元化。在我国，农业现代化的概念与内涵则随着时代发展而存在不同的理解。二十世纪五六十年代，以机械化、电气化、水利化与化肥化为主要内容的"四化"是当时农业现代化的基本内涵与特征。改革开放后的二十世纪八十年代，对农业现代化的理解扩展为农业经营的现代化；九十年代社会主义市场经济体制开始建立，农业现代化则被理解为商品化、技术化、产业化、社会化与生态化的统一。进入新世纪，我国对农业现代化的认识则更加深入与细致，《中共中央关于制定国民经济与社会发展第十二个五年规划的建议》与中国共产党十九大报告中提出："农业是全面建成小康社会、实现现代化的基础；坚持新发展理念，继续推动新型工业化、信息化、城镇化、农业现代化同步发展。"具体包括：加强与提高农民整体素质；加大农业科技推广；加强农业机械化的研究与规范化；推动农业产业化经营；提高资源利用效率，实现农业可持续发展。

另外，曾任联合国粮农组织和国际复兴开发银行共建的投资中心副主任巴塔查尔吉（J.P.Bhattacharjee）则从"绿色革命"对农业发展的影响定义农业现代化，对印度农业现代化的定义更有针对性。"作为必要的启动仪，'绿色革命'影响了大多数人关于农业现代化的思考和主张。'绿色革命'可以视为某种类别的技术突破。这种技术突破能够被广泛应用于热带和亚热带国家，而与耕作规模无关，并且即使在传统的劳动密集的耕作模式下，在经济上也同样具有吸引力。这种进步起源于生物学中作物育种方法的改进。通过提高这些作物转化为水、养分和化学制剂的效率，这种新的作物育种方法为增加小麦、水稻和其他谷物的产量开启了巨大的可能性。不过，这种进步并未止步于此。它还进一步为多季种植，增加灌溉设施，使用更多的化肥与化学品投入，引入成套机械以及改进作物烘干、存储与加工设备等创造了有利条件。所有这些都要求大大增加投资资本与生产信贷、加强研究和推广服务、培育和加工种子、农业生产条件与农产品营销环境、稳定价格、激励生产以及对所有这些提供必要的机构支持。一般来说，正是这整个过程才被视为农业现代化。"[①] 由上可知，这些关于农业现代化的含义与理解还是存在一些共性，即农业科技的提高与应用，包括机械化、良种培育等；农业生产的资本化，主要指金融支持；农业产业化经营，即农业一体化与多样化。

自从二十世纪六十年代"绿色革命"以来，印度农业现代化取得了令人瞩目的成就，随之印度"绿色革命"就成为一个学术研究的热点，因而也取得了大量的研究成果。

就国外的研究成果而言，是一个由面到点，从全景到局部，最终形成多层次、多维度成果的过程。印度"绿色革命"开始于旁遮普地区，因此早期许多研究成果都集中于旁遮普的"绿色革命"。如 M.S. 兰迪哈瓦的《"绿色革命"》与《旁遮普的"绿色革命"》及《"绿色革命"——旁遮普的个案研究》，对旁遮普地区实行"绿色革命"以来取得的成就进行了总结，指出农业科技发展及应用厥功至伟。A.S. 卡隆的《旁遮普农业的动力》，探讨了旁遮普农业取得巨大进步的原因。S.S. 格雷瓦尔和 P.S. 兰吉的《旁遮普农业发展分析研究》，以研究简报的形式对旁遮普农业取得的阶段成果进行了深入分析，并且提出了建设性主张。J.L. 莫里的《希望之歌：旁遮普村庄的"绿色革命"》，以旁遮普村庄实地调研数据为基础，细致分析了"绿色革命"的成因、发展历程以及影响，给予印度"绿色革命"积极肯定。

随着"绿色革命"的推进，相关研究也越发深入，关注的内容呈现多点化、多层次趋势，更加聚焦。S.S. 格雷瓦尔、S.S. 辛杜和 P.S. 兰吉的《旁遮普农业收入分析》与 I.P. 辛格的《旁遮普农村收入分配分析研究》，用大量的图表翔实分析了旁遮普农民收入状况，并指出其尖因。A.S. 卡隆的《旁遮普农业现代化》，从各个层面分析了旁遮普农业现代化取得的成绩及其原因，并指出存在的问题，给出了具体建议。M.S. 辛杜和 S.S. 格雷瓦尔的《旁遮普省外来农业劳动力研究》，以新视角从微观层面考察了随着旁遮普"绿色革命"的推动给外来的农业劳动力带来的影响。B. 辛格的《先进农业技术对农村人民社会文化生活的影响——一个案例研究》，在其他学者大量研究"绿色革命"以来先进农业技术的基础上，

[①] Thomas T.Poleman and Donald K.Freebairn, eds, *Food, Population, and Emploment:The Impact of the Green Revolution*, New York:Praeger Publishers, 1973, p.246.

将视角放到技术进步对人的精神影响上来，给后来的研究以很多启示。M.L. 夏尔马与 T.M. 达克的《农业社会中的种姓与阶级》以及 L.M. 达林的《旁遮普的农民生活》，均将研究放在"绿色革命"中的农民身上，进行了细致描述与分析。B. 阿加瓦尔的《印度农业机械化》，在对旁遮普农村高产作物种植的农场进行考察后，研究了农业机械化中劳动力、良种、农业投入的相互关系。B.S. 汉斯拉和 A.N. 苏克拉的《印度"绿色革命"的社会、经济与政治影响》，全面分析了印度"绿色革命"发展进程中的社会、经济和政治变化，并探讨了它们之间的相辅性。D.G. 阿博勒尔的《印度农业中技术变化与收入分配》，将重点集中在印度"绿色革命"中农业技术推广带来的社会财富增加所引发的收入分配问题，指出因为劳动力的素质差异、土地改革的不彻底以及政策落实不力导致的分配不均。

　　"绿色革命"在取得巨大成绩的同时，负面影响也逐渐显露，许多学者将注意力集中于此。R.F. 佛朗辛的《印度的"绿色革命"：经济收益与政治成本》是最早对印度"绿色革命"进行反思的著作之一。他认为在"绿色革命"中获得相应的经济利益时，印度也付出了相当的政治代价，农村加剧了两极分化，导致农村社会的动荡。D. 班达里的《"绿色革命"导致的社会紧张和政治意识》，在肯定"绿色革命"取得成绩的同时，指出因为农村社会分配不均引起的对立，激发了政治意识，催生了社会紧张。H. 辛格的《反思"绿色革命"：当代旁遮普农村世界》，在肯定"绿色革命"给旁遮普经济发展带来巨大改变的同时，也导致广大农民因为农业生产成本的提高而债台高筑，高居不下的自杀率成为严重的社会问题。B. 高斯瓦米的《"绿色革命"后的印度：变化与挑战》，梳理了"绿色革命"后印度农业经历的变化与挑战，认为印度农业正在遭遇发展瓶颈，需要考虑的现实问题是如何实现印度农业的可持续发展。L. 卢万达的《印度旁遮普"绿色革命"导致的意外健康后果》，以新视角探讨"绿色革命"对印度农民的危害，尤其是大量使用化肥、农药给旁遮普农民造成了现实与潜在的健康威胁。B. 格来赛《对"绿色革命"的再审视：批判与选择》，质疑了"绿色革命"，指出"绿色革命"并未提高农民收入和促进农村发展，如果印度农村要进一步发展，就必须抛弃资本密集的发展模式，转向知识密集的未来之路。另外，随着人们生态环保意识的提高，对"绿色革命"造成的环境影响的关注也与日俱增。K.A. 达尔伯格的《超越"绿色革命"：全球农业发展的生态与政治》，较早从全球性角度对"绿色革命"跨文化、环境进行探讨，主张农业发展应该关注人与环境融合，必须做好应对农业发展中的高昂的社会成本与生态风险的准备。V.湿婆的《"绿色革命"的暴力：第三世界的农业、生态和政治》，在考察了旁遮普后强烈批评"绿色革命"，认为它破坏了印度农村的传统，引起了社会动荡和生态破坏，甚至激发了暴力冲突。K.K.布拉尔的《"绿色革命"：生态影响》，依然以旁遮普为考察对象，指出"绿色革命"现在危机四伏，应该从生态环境角度深刻反思其所带来的政治、经济与社会影响。

国内对印度"绿色革命"的关注与研究相对较少，这与对印度的研究不足相关。已有的学术专著成果有王立新的《印度"绿色革命"的政治经济学：发展、停滞和转变》，应用经济学、政治学与社会学等对印度"绿色革命"进行综合研究，分析了"绿色革命"的政治、经济与社会起源，从全面维度深入探讨了"绿色革命"对印度政治、经济与社会嬗变的影响。研究成果中涉及"绿色革命"的专著还有焦福军编著的《印度农业》，书中对印度"绿色革命"的内容、成就以及出现的问题进行了考察，指出"绿色革命"在取得粮食大幅增产的同时，也带来了农村两极分化与生态环境破坏问题。朱昌利的《印度农村经济问题》探讨了独立后印度农村、农业发展状况及出现的问题，更可贵的是，本书应用了大量翔实的统计数据。黄思骏的《印度土地制度研究》探讨了印度因为土地改革成果失效，转向实施以农业科技和资本投入为中心的发展新战略。金永丽的《印度农业发展道路探索》细致分析了独立后印度农业的发展道路，指出英迪拉政府在国内外压力下放弃以土地制度改革推动农业发展的道路，转向以农业科技发展和推广推动农业发展的新道路，即"绿色革命"。林承节先生在《独立后的印度政治经济社会发展史》中认为英迪拉政府执政初期面临政治、经济与社会困境，力图通过农业发展来摆脱，决定实施新型农业发展战略——"绿色革命"。

相比关于印度"绿色革命"的专著，国内论文成果则相对丰富。较早的论文有孙培均的《关于印度旁遮普邦农业资本主义发展的初步探讨》分析了旁遮普邦农业资本主义关系发展的性质与维度，并给予"绿色革命"在印度农业发展进程中的积极评价。刘巽浩的《从不能自给变为商品粮基地——印度旁遮普邦农业考察》考察了印度"绿色革命"的主要内容，并分析了"绿色革命"导致旁遮普邦农业产量激增的原因。赵自勇的《印度"绿色革命"的政治经济分析》肯定了"绿色革命"在缓解，甚至解决印度长期面临的粮食不足方面取得的成果，同时也指出"绿色革命"带来的作物单一、贫富分化以及社会矛盾激化的后果。刘子忠的《试析印度"绿色革命"以来农村地区间的劳动力转移》将重点放在"绿色革命"推动了农业生产力的发展，从而创造了大量的就业机会，促进了农村劳动力在地区间的流动，改变了印度农村的劳动关系。金永丽的《"绿色革命"后印度土地关系的新变化》探讨了"绿色革命"对印度新土地关系的影响，推动了印度农业现代化。王立新的《印度"绿色革命"国外研究：路径、观点和问题》与《农业资本主义的理论与现实："绿色革命"期间印度旁遮普邦的农业发展》重新定义旁遮普邦的农业资本主义的性质。旁遮普的资本主义并非完全遵守积累剩余价值与再投资的资本主义生产方式的基本特征，而是遭遇积累危机，实质上是雇佣劳动基础上的非资本主义农业模式。黄正多、李燕的《印度农业现代化的技术性选择——基于"绿色革命"基础上的分析》在比较美、日等国的农业现代化模式的基础时，指出"绿色革命"是印度在面临自身困境时采取的符合实际的发展战略，并为相当长的历史时期所延续。肖军的《"绿色革命"对印度农业发展的影响》侧重点在"绿色革命"的影响上，指出"绿色革命"对印度存在积极与消极的双重影响，前者是解决了粮食问题，促进了农业发展，后者是造成了生态环境污染与贫富差距加大。另外，国内高校的毕业论文也对"绿色革命"有所探讨。如严磊的《论"绿色革命"以来印度农业现代化的主要特征》、吴丹的《英·甘地政府时期"绿色革命"研究》、章媛媛的《"绿色革命"以来旁遮普锡克教运动与该邦政局的演变研究》、曾泳心的《印度旁遮普邦农业发展及其影响、启示研究（1966—2004）》以及何文岸的《印度"绿色革命"农业科技问题研究》。

　　本文采用历史学、经济学与社会学相结合的研究方法，着重探讨以下几个方面的问题：第一，"绿色革命"的美洲起源与外溢以及英属印度与独立初期印度农业现代化历程；印度"绿色革命"启动和推广的国内外政治、经济原因。第二，印度"绿色革命"的主要内容与重要特征，包括农业科技进步（高产良种的引进与培育、农业机械化的推广、化肥农业施用、完善灌溉设施）、农业资本化（农业信贷、农业补贴、农业保险、农业税收与农业雇佣）与农业产业化（农业商品化与多元化）。第三，印度"绿色革命"对农业现代化的影响，包括积极方面（农业的全面发展、农村基础设施建设与农民收入增长和贫困率下降）与消极方面（农业现代化的有限性、生态环境破坏、农村两极分化与社会冲突）。笔者认为，"绿色革命"是印度农业发展历程中的重要阶段，推动了印度农业现代化的发展，也为印度开启第二次"绿色革命"奠定了基础，并对广大亚非拉国家农业发展给予重要启示。考察印度"绿色革命"与农业现代化的关系，对中国的农业现代化的发展也有一定的借鉴意义。

第一章　印度农业现代化溯源

　　印度的农业与现代化最初接触起始于英国殖民统治时期，与英国的农业复兴（1936—1947）的外溢相关。二十世纪三十年代，英国的农业发展与农业科技因为战后资本主义生产关系的调整不利，尤其是 1929—1933 年的资本主义世界的经济大危机的爆发与深入，导致发展缓慢。1931 年，英国小麦的播种面积约 120 万英亩（1 英亩 =4046.86 平方米），而 1939 年也仅仅达到 176 万英亩，导致英国在此期间进口粮食占其食品消费量的 70%[①]，严重影响了英国的粮食安全，在战争阴云密布的国际环境中极其危险。因此，大幅增加资金、人员及其科研装备，用农业科技复兴英国农业迫在眉睫。从 1936 年起，英国改组了"战时农业执行委员会"，由科技顾问与农业专家组成，指导农业生产，因而农业产量大幅提高。如小麦产量从 1939 年的 164 万吨激增到 1943 年的 344 万吨，马铃薯则从 434 万吨增长到 870 万吨。[②]印度作为英国女王王冠上最璀璨的一颗宝石，其在英国战时战略中的地位不言自明。英印政府在 1942 年宣布开展"多产粮食运动"，活动的主要内容包括扩大粮食耕作面积，减少经济作物种植；增加灌溉、良种和肥料的使用。[③]因为资料的缺乏，无法对该运动的成效进行评估。但根据可靠统计数据，"在 1901—1946 年之间，印度人口增加 38%，而土地只提高 13%，粮食作物仅推广 1%。人口增长在相当大程度上超过了粮食生产的增长。"[④]因此，印度农业现代化只能留给独立后的印度来开启。

[①] 约翰·H. 帕金斯：《地缘政治与"绿色革命"：小麦、基金与冷战》，王兆飞等译，华夏出版社，2001，第 255 页。

[②] 约翰·H. 帕金斯：《地缘政治与"绿色革命"：小麦、基金与冷战》，王兆飞等译，华夏出版社，2001，第 261 页。

[③] 约翰·H. 帕金斯：《地缘政治与"绿色革命"：小麦、基金与冷战》，王兆飞等译，华夏出版社，2001，第 218 页。

[④] 鲁达尔·达特、K.P.M. 桑达拉姆：《印度经济·下册》，雷启淮等译，四川大学出版社，1994，第 5 页。

第一节　尼赫鲁政府时期印度农业发展战略

印度独立前，国大党内以甘地与尼赫鲁分别代表的国大党内部对独立后印度经济发展有着截然不同的认识，前者主张坚持以乡村、农业为发展核心，实行村社计划，摒弃大工业与城市化，后者则坚持大机器生产，发展城镇经济。然而，伴随着印巴分治的进行，甘地被印度教极端者刺杀身亡，以尼赫鲁为首的工业化派掌握了独立后的印度政权，国大党尼赫鲁派开启了"一党独大"的执政时代。虽然执政初期，党内存在尼赫鲁与巴特尔的权力之争，但在经济发展的路线方针上面二者并无异议，从而开始了以混合经济为特征的"五年计划"工业化时期。

一、尼赫鲁政府农业发展战略的实施

英国殖民时期，因为殖民统治利益的需要，英国在农业方面将印度视为自己的原料产地与销售市场，在印度大量种植甘蔗、罂粟、亚麻、棉花以及茶叶等经济作物，并进行商品化生产，而小麦、稻米等粮食作物则因为经济价值小而被忽略，导致印度从粮食出口国变为粮食进口国。殖民者的农业政策造成印度农业发展的缓慢，甚至停滞。二十世纪前半期，印度农业年平均增长率仅为 0.8%。"从 1922—1947 年独立时的 25 年中，年平均增长率更下降为 0.25%，其中粮食作物下降更为严重。"[1]印度农业生产几乎濒临破产境地。根据马克思的殖民统治作用的双重性理论，英国在破坏了印度农业的同时，因为获取更多殖民利益的需要，在印度的工业发展方面则相对投入较大，取得了相应的成绩。从铁路里程、钢铁产量等要素考量，在当时广大殖民地半殖民地的亚非拉地区，印度的工业基础是比较领先的。这也是尼赫鲁政府重视工业而忽视农业的重要原因，而"人们很少认识到尼赫鲁的工业发展战略和他所执行的农业发展战略（即许多学者所谓的'旧农业发展战略'）之间的内在联系"。[2]

尼赫鲁的工业发展战略是马哈拉诺比斯模式，即重工业优先，实行混合经济

---

[1] 李了文、李德昌、何承金等：《印度经济》，人民出版社，1982，第 33 页。

[2] 王立新：《印度"绿色革命"的政治经济学：发展、停滞和转变》，中国社会科学出版社，2011，第 43 页。

体制，重视社会公平，以进口替代为导向的内向型经济，力求实现自力更生。这种模式导致社会经济均向重工业倾斜，农业发展战略注定成为一个附属，必须服从工业化的需要。"一般来说，尽管尊崇科学技术，尼赫鲁的农业科技观念是附属于其工业化战略的。仅在能够同时服务于工业发展目标时，资本集约的农业技术方可接受。"[①]

印巴分治后，印度在农业方面困难重重，尤其是重要的产粮区旁遮普更多的部分归属于独立后的巴基斯坦，粮食短缺严重，迫使尼赫鲁政府急于制定应急的农业发展政策。在制定与实施第一个"五年计划"时，暂时优先考虑印度农业生产的复兴与发展，大量增加对农业的财政投入。

表 1.1.1　印度"一五"计划中公营部门的支出

项目	金额（千万卢比）	百分比（%）
农业与村社发展	361	17.5
灌溉	168	8.1
多功能灌溉与水电工程	266	12.9
能源	127	6.1
交通与通信	497	24.0
工业	173	8.4
社会服务	340	16.4
重建	85	4.1
其他	52	2.5
合计	2069	100.0

资料来源：*Planning Commission,Chapter 4th,*1952.

从上表可以看出，"一五"计划对农业相关项目的支出金额占比38.5%，这与尼赫鲁政府的工业化战略是相违背的，因为"赋予农业以及能源与交通等基础设施的优先地位，必然会限制公共部门本身的工业投资"，所以这个计划就是独

---

① Varshney Ashutosh, *Democracy, Development, and the Countryside:Uiban-Rural Struggles in India*, Cambridge University Press, New York, 1995, p.41.

立初期的应急措施，以便获得未来重工业发展的政治经济稳定的基础。另外，美国战后为了在南亚地区进行意识形态输出，福特基金会、卡内基基金会与洛克菲勒基金会积极开展海外援助。福特基金会自 1950 年开始海外援助，并将南亚地区的印度与巴基斯坦作为首要目标。会长霍夫曼与尼赫鲁进行会谈后，最终将援助方向定于印度农业发展。

"一五"计划期间，由于尼赫鲁政府对农业发展的重视，同时在此期间印度风调雨顺，印度农业获得了较快发展，各项作物产量都有了增加，尤其是粮食以及甘蔗、棉花与黄麻等经济作物。粮食产量从 1950 年的 540 万吨剧增到 1956 年的 6934 万吨，甘蔗则从 560 万吨增加到 743 万吨，棉花从 290 万包猛增到 422 万包，黄麻则是从 230 万包增加到 447 万包。这些农作物产量的大幅增加，为食品加工业、制糖业、纺织业准备了原料，从而为"二五"计划奠定了农业基础，开始了以"土改 - 合作社"为核心的农业发展战略，包括土地改革、农业合作与乡村发展计划三部分。

表 1.1.2　印度"一五"计划中农业产量

项目	单位	1950—1951 产量	1955—1956 指标	1955—1956 产量
粮食	百万吨	5.4	61.6	69.34
油料	百万吨	5.1	5.5	5.5
甘蔗	百万吨	5.6	6.3	7.43
棉花	百万包	2.9	4.2	4.22
黄麻	百万包	2.3	5.4	4.47

备注：棉花每包 170 千克，黄麻每包 180 千克。

资料来源：Indian Gov,*Economic Overview,1981-1982*,p.75.

1. 土地改革

英属印度时期，印度仍然沿用传统的封建土地制度——柴明达尔制，即中间人地主制度。这种制度有明显的缺陷，因为是中间人，所以柴明达尔无心直接经营土地，但土地却高度集中在他们手中。柴明达尔只是追求无限扩大对超额地租的榨取，并且榨取的地租并不用于再生产，而是扩大奢侈消费，因此成为印度农业发展的阻碍。尼赫鲁政府在无意继续进行大量农业投资的前提下，进行土地改革推动农业发展就成为一个可选项。尼赫鲁政府的土地改革主要有三个基本内容，即废除中间人制度、规范租佃制与实行土地最高限额。

印度独立时，57%的土地实行柴明达尔制。"到1950—1951年度，地主与富农在印度农村家庭中占比9.4%～13.5%，但占有的土地却在印度全部耕地面积占比40.4%～50.8%。而在农村家庭总数中占比36.1%～55.1%的贫民家庭，仅仅拥有印度总耕地面积的6.3%～12.2%。"[1]土地集中程度严重阻碍农业发展，威胁社会稳定。早在1947年，国大党就成立了土地改革委员会，目的是废除中间人柴明达尔。1954年，在中央政府的强制下，印度各邦都纷纷就废除柴明达尔制通过了法律。而通过废除中间人，"各邦政府总计获得1.7亿英亩土地，大约2000万佃农与国家建立了直接关系，大约580万公顷土地分给佃农和分成农"。[2]

在柴明达尔制盛行时期，印度的租佃耕种十分普遍，在印度西北、西南地区流行，而东部地区则为分成制。地租均占土地收入的50%以上，使得占农村家庭总数33%的佃农家庭田赋沉重。[3]佃农分为三种，即永佃农、临时佃农与转租佃农。除了公开租佃外，还有大量土地是口头租佃或隐蔽租佃，占耕地总面积的35%～40%。"盛行非正式制度的基本意图是在于榨取佃户的高额地租。"[4]1947年起，尼赫鲁政府就通过法律限制地租数量。1953年，各邦政府通过了一系列与"租佃改革"相关的法案，核心内容是固定租金、租佃保障与授予佃户所有权。制定固定地租的法令是十分必要的，流行的租金比率是收成的一半或更多，这样的租金率明显超过了社会公正的标准。[5]所以，在"一五""二五"计划中建议，租金不能超过总收成的四分之一或五分之一。虽然随后各邦通过了固定租金的法令，但之间存在较大差异，为六分之一到三分之一之间。

---

[1] Uma Kapila edited, *Indian Economy Since Independence*, Academic Foundation Publication, New Delhi, 2003, p.76.

[2] M.L.Jhingan, *The Economics of Development&Planning*, Vrinda Publications, Delhi, 2005, p.708.

[3] Uma Kapila edited, *Indian Economy Since Independence*, Academic Foundation Publication, New Delhi, 2003, p.45.

[4] 鲁达尔·达特、K.P.M.桑达拉姆：《印度经济·下册》，雷启淮等译，四川大学出版社，1994，第57页。

[5] 鲁达尔·达特、K.P.M.桑达拉姆：《印度经济·下册》，雷启淮等译，四川大学出版社，1994，第58页。

表 1.1.3　各邦规定的地租率

邦名	地租比率
安德拉	灌溉地最高为总产量的 30%
	旱地为总产量的 25%
阿萨姆	不超过总产量的 25%
比哈尔	总产量的 25%
古吉拉特	总产量的 17% 或田赋的 3～5 倍
哈里亚纳	总产量的 30%
中央邦	田赋的 2～4 倍（根据不同土地种类）
马哈拉施特拉	总产量的 30% 或田赋的 3～5 倍
卡纳塔克	总产量的 20%～25%
旁遮普	总产量的 30%
拉贾斯坦	总产量的 17% 或田赋的 2 倍
奥里萨	总产量的 25%
泰米尔纳德	灌溉地总产量的 40%，其他地 33%

资料来源：D.P.Sharm,V.V.Desi,*the Rural Economy of India*,1980,p.287.

总体来说，固定租金减轻了佃农的负担。1960 年开始，在"三五"计划的文件中规定，地主必须在遵守相关法律的基础上才能驱逐佃农；地主可以将出租的土地收回自己耕种；地主在收回土地时，必须留给佃农法律规定的最低数量耕地。这些规定的目的是想平衡社会公正与农业发展，给予佃农以永久土地租种权。通过中央政府与各邦政府的立法，到"三五"计划末期，估计全印度有近 971 万佃农获得了 678.7 万多公顷的土地所有权。[1]

"印度土地改革方案提出由国家接管地主超过一定限额的土地，分配给小的所有者使其持有的土地成为经济来源，或分配给无地劳动者，以满足他们对土地的需要。"[2] 规定土地持有的最高限额，目标就是缓解或消灭土地过于集中在少数地主手上的畸形现状，使耕者有其田，可以稳定农村社会，发展农业经济。

---

① Mishra & Puri, *Indian Economy*, New Delhi, 1992, p.478.
② 鲁达尔·达特、K.P.M.桑达拉姆：《印度经济·下册》，雷启淮等译，四川大学出版社，1994，第 62 页。

"一五"计划中，尼赫鲁政府就关注过限制土地占有的问题，但具体的指导原则却是在"二五"计划中得以制定。1959 年，国大党在那格浦尔年会上通过事关土地限额的决议，要求印度各邦政府到年底前必须完成"土地持有最高限额"法令的制定。1961 年底，尼赫鲁政府宣布印度各邦开始实施土地持有最高限额的法律。该法令规定超出最高限额之外的土地，通过国家交给"村评议会"，再由"村评议会"来分给无地或少地的农民经营，或者交给乡村的农业合作社经营。随着土地持有最高限额法的实施，到 1971 年 1 月，"合作者获得了 734.8 万英亩剩余土地，其中 449.2 万英亩已经分配给了 415.2 万人。在获得土地者中，有 203.3 万人（45%）属于表列种姓与表列部族"。[①]

2. 生产合作社

印度因为人口持续增长、诸子平等继承法、联合家庭的解体、乡村工业的衰退以及农村债务问题导致全印土地出现分散问题。"土地破碎与分割的现状是农业技术改良的阻碍，如优良种子、化肥、先进农具的使用，管井建筑（土地围护）、作物病虫害防治以及改造排洪系统、边界和维护物造成土地浪费……结果生产成本与大农场相比变得很高。"[②]

1953—1954 年、1961—1962 年和 1971—1972 年，印度进行了三次全国抽样调查（见表 1.1.4）。

表 1.1.4　全印各类农户及其占有土地情况

农户类别	1953—1954 年				1961—1962 年				1971—1972 年			
	户数（百万）	占总农户（%）	占全部土地（%）	平均每户占土地（英亩）	户数（百万）	占总农户（%）	占全部土地（%）	平均每户占土地（英亩）	户数（百万）	占总农户（%）	占全部土地（%）	平均每户占土地（英亩）
边际农（<1英亩）	15	31	1	0.3	24	37	2	0.2	36	44	2	0.1

① 鲁达尔·达特、K.P.M.桑达拉姆：《印度经济·下册》，雷启淮等译，四川大学出版社，1994，第67页。
② 鲁达尔·达特、K.P.M.桑达拉姆：《印度经济·下册》，雷启淮等译，四川大学出版社，1994，第90页。

续表1.1.4

农户类别	1953—1954年				1961—1962年				1971—1972年			
	户数（百万）	占总农户（%）	占全部土地（%）	平均每户占土地（英亩）	户数（百万）	占总农户（%）	占全部土地（%）	平均每户占土地（英亩）	户数（百万）	占总农户（%）	占全部土地（%）	平均每户占土地（英亩）
小农（1～5英亩）	17	36	15	2.6	22	35	18	2.6	27	34	23	2.6
中农（5～15英亩）	11	23	31	8.5	13	20	35	8.4	13	17	36	8.3
大农（15～50英亩）	4	9	35	24.8	4	7	34	24.2	4	5	31	23.9
最大农（>50英亩）	0.6	1	18	88.7	0.4	1	11	80.9	0.4	0.4	8	73.9
总计	49	100	100	6.3	64	100	100	5	81	100	100	3.8

资料来源：司马军、周圣葵、焦福军：《印度农业》，农业出版社，1986，第62页。

从前两次全国抽样调查情况可以看出，边际农的户数从1953—1954年的1500万户增加到1961—1962年的2400万户，从占总农户的31%增加到37%，从占全部土地的1%增加到2%，每户平均占有土地从0.3英亩下降到0.2英亩；小农则分别从1700万户增加到2200万户，分别从36%下降到35%，15%增加到18%。边际农和小农的户数大幅增加，每户土地面积却下降了。土地破碎与分散问题严重。

尼赫鲁政府为了解决土地破碎与分散问题，采取创立土地持有、合并土地持有与合作农业等措施。印度首先通过规定土地持有最高限额、转移边际农与创办乡村工业等方法力图创立土地经济持有，即提高土地持有规模。合并土地持有就是将村庄的全部土地整合成一块，然后将这整块土地在全体农民中进行再分配。合并土地运动在农业基础较好的旁遮普邦取得很大进展。"到1956年1月31日，全部只合并了 450 万公顷土地，但是，到 1972 年，这个运动越来越猛烈了，大约有 3300 万公顷土地已经合并。"[①]土地持有与合并土地只是解决土地破碎与分散问题的前奏，发展合作农业才是尼赫鲁政府认为的持久方法。

事实上，国大党在甘地时代就主张为了实现印度社会与经济目标，应更多推动印度合作社激发个人的积极性，甚至认为没有合作模式，就没有农业的有效性。印度政府合作计划委员会将合作农业分为四类：合作佃农农业、合作集体农业、高级合作农业（村庄的农民为改良农业技术而联合起来）与合作联合农业。它们的共同特征是农民自愿参加，保持土地所有权，根据生产资料投入与劳动付出获取相应收益。但合作农业发展缓慢，直到 1970 年，农业合作社总计 8819 个，有社员 24 万，占总比 2%，种植面积 47 万公顷，仅占 0.4%。

3. 乡村发展计划

乡村发展计划在尼赫鲁政府二十世纪五六十年代农业发展战略中占有重要地位，起始于 1952 年。"所谓乡村发展计划，就是在政府的指导和支持下，将全国农村划为若干发展区，制定出综合发展规划，村评议会充分运用农民的力量去努力实现，促进乡村社会经济和文化的发展，不断改变人们的传统观念。"[②]该计划目的是在当地农民的积极参与下，将印度传统与现代意识相结合，重建印度乡村的潘查亚特制度与合作社，选举乡村自治机构，发展村社的农业、林业、畜牧业以及乡村工业，同时改善村落的教育、住房与医疗卫生，提高农民群众的生活水平。

具体来说，每个乡村发展区大约包括 300 个村庄，拥有耕地 15000 英亩，人口大约 20 万。为了推动乡村发展计划，印度从中央到各邦地方政府都建立了各级相应行政管理机构，在县、区与村三级创立了评议会体制。县级评议会由区级评议会主席以及表列种姓、表列部落代表组成，主要负责制定乡村发展计划，统筹各方资金，发展基础教育与医疗卫生；发展区评议会则由各村庄评议会主席、表列部落、表列种姓及妇女代表组成，负责发展区的具体计划实施；村评议会是最基层组织，是这个发展计划的关键，是在传统的村庄长老会与潘查亚特制度的基础上创设而成，因此统摄了村庄的政治、经济与社会服务，范围广泛，包括农

---

① 鲁达尔·达特、K.P.M. 桑达拉姆：《印度经济·下册》，雷启淮等译，四川大学出版社，1994，第 91 页。
② 朱昌利：《印度农村经济问题》，云南大学出版社，1991，第 4 页。

业生产、水利灌溉、村路建设、基础教育、卫生所维护、房屋修缮等各个方面。

从1952年10月开始，乡村发展计划选取55个边远地区的55个片区进行试点，之后向全国推广。乡村发展计划的经费开始由中央政府提供，后由各邦政府承担，总计花费78亿卢比。到1973年，全国共建立5028个片区，涉及4.7亿人，参与村庄63万多个。[①] 这表明乡村发展计划在各地取得了一些成就。

二、尼赫鲁政府农业发展战略的影响

尼赫鲁政府总体经济政策是以重工业、大机器为核心，而将农业作为次要、辅助工业发展的部门，只是在独立之初因为面临粮食短缺、印巴分治带来的大量难民等问题，需要较快恢复和发展农业生产，以解燃眉之急。因此在制定"一五"计划时对农业投入较大，因而农业取得了一定程度的发展，稳定了政治社会局面。危机暂时缓解后，尼赫鲁政府在制定"二五"计划、"三五"计划时就将重点放在工业发展上来，农业投入快速减少。

表 1.1.5　印度"一五"计划到"三五"计划中公营部门的实际支出

项目	"一五"计划		"二五"计划		"三五"计划	
	支出金额	占比	支出金额	占比	支出金额	占比
农业	357	15.2	530	11.5	1088.9	12.7
灌溉与能源	661	28.1	865	18.8	1917	22.4
工矿业	179	7.6	1075	23.6	1961.7	22.9
交通与通信	557	23.6	1300	25.6	2111.7	24.6
社会服务及其他	602	25.6	630	18	1491.8	17.4
合计	2365	100	4600	100	8576.5	100

资料来源：依据 Indian Planning Commission 数据整理。

从上表可以清楚看出，"二五"计划中农业相关支出占比从"一五"计划的38%骤降到20.9%；"三五"计划在"二五"计划的基础上稍有回升，但仍然与"一五"计划差距明显。

[①] Amart Singh&A.N.Sadhu, *Agricultural Problems in India*, Bombay, 1986, p.579.

表 1.1.6　印度"一五"计划到"三五"计划完成时的农业产量

项目	单位	1955—1956 年	1960—1961 年	1965—1966 年
粮食	百万吨	69.34	82.33	72.30
油料	百万吨	5.50	6.87	6.10
甘蔗	百万吨	7.43	11.41	12.70
棉花	百万包	4.22	5.55	4.60
黄麻	百万包	4.47	4.14	4.50

资料来源：Goverment of Indian,*Economic Overview,1981-1982.*

上表中"二五"计划相比"一五"计划，粮食及大部分经济作物的产量仍然有所提高，是因为"一五"计划优先发展农业的红利余波以及耕种面积大幅增长。但"三五"计划结束时，因为侧重重工业发展，农业投入持续大幅减少，粮食产量几乎回到"一五"计划结束时的数额，油料、棉花产量也比 10 年前有所减少，而人口却增加了大约 1 亿人。

表 1.1.7　独立以来主要作物耕种面积的增长情况　　　　（单位：万公顷）

项目	1949—1950 年	1964—1965 年	年均增长率（%）
全部粮食作物	9900	11800	1.4
水稻	3000	3600	1.3
小麦	1000	1300	2.7
粗粮	3900	4400	0.9
豆类	2000	2400	1.9
全部经济作物	2300	3300	2.5
油籽	1000	1500	2.6
甘蔗	150	260	2.5
棉花	490	840	3.3
马铃薯	20	40	4.4
全部作物	12200	19100	1.6

资料来源：Government of India Ministry of Agriculture:*Agricultural Statistics at a Glance 1965.*

从上表中可以得知，从独立后到 1965 年，耕种面积每年增加 1.6%，但粮食产量的增长并不明显，无法解决粮食短缺问题。究其原因，尼赫鲁政府在忽视农业发展的同时，又没有重视农业科技的发展，而是将注意力放在无法短期内生效的土地制度改革上面，导致印度农业发展缓慢，农业生产率相比其他国家较低。

表 1.1.8　世界一些国家作物每公顷平均单产比较

品名	国家	1951—1956 年	1961—1965 年	1987—1988 年
稻米（公担，1公担=100 千克）	印度	8	10	17
	中国	17	18	35
	美国	19	29	41
	日本	26	33	40
小麦（公担）	印度	7	8	20
	中国	9	9	30
	法国	21	29	61
	德国	28	33	68
皮棉（千克）	印度	90	120	202
	中国	160	250	764
	苏联	160	700	787
	墨西哥	330	640	1100

资料来源：鲁达尔·达特、K.P.M. 桑达拉姆：《印度经济·下册》，雷启淮等译，四川大学出版社，1994，第 9 页。

尼赫鲁政府时期稻米、小麦和棉花的单产不仅远低于中国与墨西哥，更遑论与发达的美、日、德、法、苏相比。稻米与棉花单产只有中国的一半左右，与最高的日本和苏联相比，则分别不及三分之一与五分之一。

具体到尼赫鲁政府土地改革的成败，下面从两个方面进行探讨。

一是积极方面。"七五"计划明确了土地改革的作用，指出"人们已经认识到土地改革既是反贫困战略又是农业现代化和提高生产率的一个有生命力的因素。重新分配土地能够为大量农村无地劳动者提供永久性资产基础，以便从事以土地为基础的活动和其他辅助性活动。同样，巩固持有、调整租佃和现代化的土地记录是小农和边际农土地持有者改良技术和投入，从而促进农业生产增长的广阔途径。"[①]尼赫鲁政府独立初期开始的土地改革前后经历 30 多年，还是取得了一

---

① Planning Commission, *The Seventh Five-Year Plan(1985—1990) 2nd vol*, p.62.

定成绩。首先，废除柴明达尔封建土地制度，大量农民摆脱了封建依附关系，限制了封建地主高度垄断土地所有权，使特权地主的一部分土地分散到直接经营土地的中小地主和农民手中。"到1970—1971年度，在土地持有者中，将近50%的人，拥有约80%的土地，其中最多的是拥有5～10公顷的中小地主阶级。"[①]这样可以更加合理地利用土地资源，使得农业种植在更经济的形式下进行，减少劳动与资本的浪费，在一定程度上促进了农业生产力的发展。

表 1.1.9　印度农民构成的变化

	贫农（低于5英亩）			中农（5～25英亩）			富农（25英亩以上）		
	1950—1951年	1960—1961年	1970—1971年	1950—1951年	1960—1961年	1970—1971年	1950—1951年	1960—1961年	1970—1971年
户数（%）	59.1（42.6）	64.6（47.5）	67.9（49.3）	35.3（25.4）	31.6（23.3）	29.0（21.0）	5.6（4.0）	4.0（3.0）	3.1（2.2）
耕地面积（%）	15.5	19.8	24.1	50.1	52.1	53.0	34.3	28.1	23.9
平均规模（英亩）	1.7	1.9	1.94	9.1	10.2	9.97	39.7	42.6	40.41

备注：括号内的数字是占农村总户数的百分比（%）。

资料来源：Kapila,Uma,*Agricultural Development:Various Aspects*,Academic Foundation,Delhi,1990,p.82.

从上表得知，贫农耕地面积占比从15.5%增加到19.8%，平均土地面积从1.7英亩增加到1.9英亩；中农则分别从50.1%增加到52.1%，从9.1英亩增加到10.2英亩，土地破碎与分散程度多少获得了一些解决。

其次，印度土地改革毕竟是一种将极少数特权地主阶级的土地重新分配的政治经济手段，让实际土地经营者为农业生产而持有土地，从而可以减少地主对农民的地租剥削，改善农民的社会经济地位与条件，在某种程度上促进了社会公正。最后，伴随着土地改革对土地分割与破碎的治理暂时遏制了印度长久以来的土地持续分散化的传统，推动了印度合作农业的发展。合作社通过合作信贷向农民提供较低利息贷款，打破了乡村高利贷对农业信贷的垄断，将高利贷占农业信贷从70%降到30%左右。更难能可贵的是，"合作社已导致更为使用改良农业技术，如改良种子、肥料的使用等。销售和加工合作社帮助其成员按

---

① 李了文、李德昌、何承金等：《印度经济》，人民出版社，1982，第40-41页。

比较便宜的价格购买他们的必需品，按较好的价格出售他们的农产品，也为农民提供良好的储藏措施"。[1]土地改革的积极效应都对后来"绿色革命"的开始和推动有深远影响。

二是消极方面。"六五"计划对土地改革作出了综合评价："对土地改革的进展不满意，不仅是政策上的缺陷，而且是执行上的不得力，对从事的活动经常没有必要的决心，特别是关于最高限额法的执行、巩固持有以及追查隐匿的租佃，并根据法律对他们的租佃占有权提供保障。"[2]的确，尼赫鲁政府的土地改革与配套措施的目的是积极的，但因为其本身存在保守性，同时执行过程有诸多不利，导致改革成效有限，甚至带来消极性。首先，废除柴明达尔中间人并不彻底，广大农村仍然存在半封建的土地关系，有些大地主仍然采取传统的获取地租与经营土地的方法，严重制约了现代农业的发展。而且柴明达尔的土地并没有无偿征收、分配给农民。政府法令规定获得分配土地的农民需要付出高昂的赎金，政府还为此支付了共计67亿卢比的补偿金，这既增加了无地或少地农民的经济负担，使其无力继续经营土地，也让本就不富裕的政府农业投入捉襟见肘。土地最高限额遭到了大地主的激烈反对，从而在法律条文中都存在漏洞，各邦拟定的最高限额范围过大，如安德拉邦的27～324英亩、古吉拉特的19～122英亩、拉贾斯坦邦的27～216英亩等，导致最高限额法随意到以个人为基础来决定。

表1.1.10　土地持有限额规定　　　　　　（单位：公顷）

	每年两熟灌溉地	每年一熟灌溉地	旱地
A.1972年建议的全国指标	5.05～7.28	10.93	21.85
B.实际限额			
安德拉	4.05～7.28	6.07～10.93	14.16～21.85
阿萨姆	6.74	6.774	6.94
比哈尔	6.07～7.28	10.12	12.14～18.21
古吉拉特	4.05～7.28	6.07-10.93	8.09～21.85
哈里亚纳	7.25	10.9	21.8

---

[1] 鲁达尔·达特、K.P.M.桑达拉姆：《印度经济·下册》，雷启淮等译，四川大学出版社，1994，第119页。

[2] Planning Comission, *The Sixth Five-Year Plan(1980-1985)*, p.116.

	每年两熟灌溉地	每年一熟灌溉地	旱地
喜马偕尔	4.05	6.07	12.14 ～ 28.33
查谟和克什米尔	3.6 ～ 5.06		5.95 ～ 9.20
卡纳塔克	4.05 ～ 8.10	10.12 ～ 12.14	21.85
喀拉拉	4.86 ～ 6.07	4.86 ～ 6.07	4.86 ～ 6.07
中央邦	7.28	10.93	22.85
马哈拉施特拉	7.28	10.93-14.57	21.85
曼尼普尔	5.00	5.00	6.00
奥里萨	4.05	6.07	12.14 ～ 18.21
旁遮普	7.00	11.00	20.50
拉贾斯坦	7.28	10.93	21.85 ～ 70.82
泰米尔纳德	4.86	12.14	24.28
锡金 *	5.06		
特里普拉	4.00	4.00	12.00
北方邦	7.30	10.95	18.25
西孟加拉	5.00		

* 锡金原本是独立国家，后被印度吞并。

资料来源：鲁达尔·达特、K.P.M.桑达拉姆：《印度经济·下册》，雷启淮等译，四川大学出版社，1994，第64页。

　　合作农业也因为大地主与官僚阶层的反对而没有实现，企图利用他们进行乡村建设项目和潘查亚特政治注定徒劳。印度全国农业委员会对此做出过总结："根据合作社或集体农业方针发展的任何选择都会受到印度当前社会经济、政治的严重制约。这样的一种制度有可能催生社会政治革命，将使国家经济朝着财富和生产资源的社会主义所有制方向发展，最终建立的政权机构会去保证坚持和继续社会主义化的财产和生产关系。"[1]所以说，土地改革执行失败根本原因在于，它的基本问题"是打破土地既得利益集团的束缚和法院在私有财产神圣不可侵犯的名义下给既得利益集团的合理支持，显然增强的管理机器没有创造打破三位一体——地主、高利贷和商人的神圣私有财产，只不过是口头上为贫困农民服务"。[2]

---

[1] Indian Agricultural Commission, *Brief Report 1976*, p.685.

[2] 鲁达尔·达特、K.P.M.桑达拉姆：《印度经济·下册》，雷启淮等译，四川大学出版社，1994，第70页。

尼赫鲁政府的农业发展战略因为没有坚持对农业的应有投入而导致农业领域积累不足，同时替代农业投入的土地改革也没有取得实效。随着印度人口的大量增长，印度农业远远不能满足社会发展的需求，粮食短缺频仍，政治社会秩序动荡，严酷的现实要求印度农业政策必须作出根本调整。

第二节　英迪拉政府农业发展新战略

1964 年 5 月，尼赫鲁病逝，印度政坛经历了短暂的夏斯特里执政时期（1964年 5 月—1966 年 1 月），并在某种程度上对印度农业发展战略作出了调整。1966年，夏斯特里客死他乡，年轻的英迪拉在印度各方政治博弈中胜出继任，却面临着经济、政治与社会全面危机。

一、英迪拉政府面临的危机

1. 农业危机

1959 年 1 月，13 名美国农业粮食问题专家与 13 名印度农业专家曾经对印度农村进行深入调查后，撰写了一份《印度的粮食危机与应对方略》的报告。指出印度最重要的问题是粮食生产，强调"如果以当时粮食生产水平，结合人口增长速度进行估算，到二十世纪六十年代中期，印度粮食供给将出现 480 万吨的空缺，也即全部粮食需要的四分之一"[1]。

但是尼赫鲁执政后期，仍然过度重视对重工业的投入，而减少了对农业经济的投资，导致印度国民经济结构出现严重失衡，在 1956—1966 年的 10 年间，印度工业产值增长 100%，而农业产值仅仅增长 14%。[2] 从农业在国内生产总值中的占比来看，也是逐年下降，从 1950 年占比超过 50%，下降到 1960 年的45%。（见表 1.2.1）

---

[1] 冯立冰：《基金会、冷战与现代化——福特基金会对印度农业发展援助之研究（1951—1971）》，中国社会科学出版社，2016，第 188 页。

[2] 孙培钧、刘创源：《南亚国家经济发展战略研究》，北京大学出版社，1990，第 65 页。

表 1.2.1 印度国内生产总值的部门构成 （单位：%）

年份	部门				
	农业	工业	建筑	运输、商业、邮电	其他
1950	51	16	—	17	16
1960	47	15	4	14	15
1970	43	15	5	15	14
1978	35	18	5	17	25
1979	31	19	5	20	25
1980	33.2	18.8	4.3	18.4	25.3
1981	32	18.9	4.2	18.8	26.1

资料来源：《世界知识年鉴 1984 年》，世界知识出版社，1984。

另外，由于独立后印巴分治导致印度失去了以旁遮普为代表的西北产粮区。独立前的 1947 年英属印度土地灌溉面积占播种总面积的 24%，印巴分治后印度方面则下降到 19%。同时，印度继承了分治后英属印度中 82% 的人口，却仅仅获得了粮食作物种植面积的 75%，灌溉面积的 69%。[①]1948 年，缅甸独立，脱离了印度，而缅甸是英属印度重要的稻米产区，所以印度的粮食种植面积锐减。

1965—1966 年，印度出现全国大旱，并且 1966—1967 年干旱仍然未能缓解，导致印度农业产量大幅减少 16% ～ 17%，因而印度遭受自 1943 年孟加拉饥荒以来最漫长、最严重的粮食危机。粮食总产量从 1964—1965 年 8900 万吨骤减为 1965—1966 年的 7200 万吨，1966—1967 年的 7500 万吨。由此，独立后的印度粮食生产形势变得越发严峻，被迫依赖粮食进口。

表 1.2.2 印度粮食进口采购与公共分配统计表 （单位：百万吨）

年份	生产	进口	采购	公共分配	进口在公共分配占比（%）
1950	60.7	1.4	0.1	2.1	66
1961	72.0	3.5	0.5	4.0	88
1962	72.1	3.6	0.5	4.4	82
1963	70.3	4.6	0.8	5.2	88

① R.N.Chopram, *Evolution of Food Policy in India, Economic and Political Weekly*, Vol.6, no, 20, 1981, p.32.

续表 1.2.2

年份	生产	进口	采购	公共分配	进口在公共分配占比（%）
1964	70.6	6.3	1.4	8.7	72
1965	78.32	7.5	4.0	10.1	74
1966	63.3	10.4	4.0	14.1	74

资料来源：*Economic Survey*,1973-1974.

从上表可以看出，印度粮食生产从 1950—1966 年几乎没有什么增长，粮食短缺导致粮食价格上涨 50%。大幅增加的人口的粮食需求只能靠进口来弥补。1950—1966 年，粮食进口从 10 万吨增长到 1040 万吨，增长 104 倍，粮食采购也从 10 万吨猛增到 1965 年的 400 万吨，增长 40 倍。这极大地消耗了印度原本就很微薄的外汇储备，也严重威胁了印度的粮食安全。大量的粮食进口虽然暂时让印度避免了饥荒，却令印度的民族自尊心极大受挫。这些极端的因素激发了印度政治社会危机。

2. 政治社会危机

夏斯特里去世后，英迪拉·甘地由于性别、年龄以及缺乏政治经验为国大党内辛迪加派所选中，战胜国大党元老德赛被推选为印度总理。执政伊始，英迪拉就面临着国大党内派系间的激烈矛盾无解，同时粮食危机导致印度国内物价飞涨，通货膨胀严重，从而激发了印度独立后严重的政治社会动荡。早在 1957 年印度就发生罢工 1630 次，1958 年 1524 次，参加的罢工人数分别为 889371 人与 928566 人[①]，其中甚至包括教师与公务员。1964 年 2 月，比哈尔邦与北方邦的某些村庄出现了农民抢劫粮店的暴力现象。1964 年 9 月，印度共产党和全印工会大会在全国许多地方开展了争取改善个人经济状况的坚持真理运动，超过 8 万人参加。1965 年初，非印地语各邦因为"官方语言"问题导致大规模的暴力冲突；马德拉斯警察与抗议群众发生激烈的流血冲突，政府机关大楼被烧毁，多处铁路遭到破坏。两位来自马德拉斯的泰米尔族部长，苏布拉尼亚姆与阿拉吉善怒而辞职，以示对政府的镇压措施表示抗议。1965 年 9 月，左翼工会还在各邦成立了行动委员会，在德里成立了全印行动委员会，向政府递交请愿书，并决定于 9 月

---

① 林承节：《印度独立后的政治经济社会发展史》，昆仑出版社，2003，第 217 页。

21 日举行"全国行动日"来支持这个请愿书。[1]

同时，新政府面临着印巴关系渐趋紧张，在克什米尔与卡奇沼泽爆发武装冲突，最终催化成印巴之间大规模战争。与成功爆炸了第一颗原子弹且国民经济快速恢复的中国的长期对峙中也处于完全被动的处境，两国关系每况愈下。另外，美国此时借印巴战争为由对印度实行经济与外交制裁，拒绝对印度进行长期粮食援助，并将粮食援助与印度采取发展农业生产、抑制人口快速增长的政策相捆绑。

英迪拉 1966 年 1 月就任印度总理时，面临着比夏斯特里更加严峻的政治挑战、巨大的粮食危机与金融危机。1966—1967 年的旱灾使得印度国外进口粮食达到峰值，粮食在码头卸下后立即分发到饥民手中。集市上食物货架空空如也，城市中频频爆发暴力示威游行；英迪拉政府宣布卢比大幅贬值的金融改革，印度外汇极大受损，甚至达到几近不足 10 亿美元的危境。国际社会甚至对印度提出警示，印度未来仍然会处于持续的粮食短缺，必然会导致社会动荡，最终存在国家政权颠覆的危险。英迪拉必须作出农业发展战略的调整，增加粮食生产，满足民众的粮食需求，缓解政治、经济与社会危机。

二、英迪拉政府农业发展新战略的出台

夏斯特里如果要维护自己的执政地位，必须采取紧急措施克服政治、经济与社会危机。这就必须改变尼赫鲁长期以土地制度改革来发展农业生产的农业战略，转向农业科技发展战略。因此，1964 年接任尼赫鲁任总理时，他虽然宣布自己将继续执行尼赫鲁的方针政策，但立即任命擅长经济管理与重视科学技术的苏布拉尼亚姆担任粮农部长。而苏布拉尼亚姆也不负众望，很快提出新农业战略，即混合和集中使用各种信贷投入、对农户实行刺激价格政策、在选定的地区实行特别集约生产计划三大内容。[2] 该战略的短暂实施还是带来了一些新变化：消解了计划委员会的权力、将公营投资转向农业领域、扩大国内外私人投资、实

---

① 王立新:《印度"绿色革命"的政治经济学：发展、停滞和转变》，中国社会科学出版社，2011，第 74 页。

② 王立新:《印度"绿色革命"的政治经济学：发展、停滞和转变》，中国社会科学出版社，2011，第 76 页。

行发展计划的手段由控制变为刺激等。夏斯特里任职 20 个月对农业发展作出的新变化，为英迪拉执政后出台农业发展新战略奠定了基础。

1. 实施"绿色革命"的国际示范

英迪拉虽然内心是同情且赞同父亲尼赫鲁的利用土地改革来促进印度农业发展的战略的，但面对巨大的政治、经济与社会危机，只能将夏斯特里的农业发展战略继续推动下去。她执政初期最重大人事任命就是让苏布拉尼亚姆留任印度粮农部长，并改造计划委员会，从而使其于 1966 年 8 月在新制定的"四五"计划中赞同自己的农业发展新战略，即"绿色革命"。

事实上，墨西哥早在二十世纪五六十年代就发起了"绿色革命"。而印度当时遭遇的农业危机，墨西哥在二十世纪三十年代就已经历过。1938 年，墨西哥卡德纳斯政府进行土地改革，造成外国资本外逃，引起国内经济混乱，导致墨西哥出现农业发展停滞，粮食严重短缺，只能花费农业部经费的 50% 从美国大量进口小麦。农业危机的持续深入激发了墨西哥国内的政治经济动荡与社会秩序混乱，导致卡德纳斯政府倒台。1940 年，卡马乔当选总统。他认为，农业科技为核心的农业现代化比激进的土地改革更为重要，积极在农业领域中引进外资，并与美国达成协议。1941 年，夏洛克菲勒基金会派出了三名专业分别为作物育种学、土壤学以及植物病理学的专家调查小组在墨西哥实地考察。1943 年，墨西哥农业部与洛克菲勒基金会成立特别研究办公室（OSS），主要在作物良种研究、农作物病虫害防治、土壤改良与牲畜病虫害防治四个方面展开合作。墨西哥政府要求着重聚焦两项目标，即锈麦病与小麦品种改良。到 1950 年，墨西哥推出了至少 8 个小麦新品种，尤其是具有防病虫害与高产矮秆小麦品种 Pintic62 与 Penjamo63，并在墨西哥广泛种植。高产良种的种植总面积曾经占墨西哥作物种植总面积的 95%，极大地提高了整个墨西哥的小麦产量。"基于小麦品种的改良和小麦种植面积的扩大——尤其是西北部地区小麦产量的提高，墨西哥小麦总产量从 1945 年的 36.5 万吨（平均每公顷 750 千克）增长到 1956 年的 120 万吨（平均每公顷 1370 千克）。"[①] 小麦总产量增加 229%，每公顷单产增加 83%。"1940 年中期到 1960 年中期的 20 年间，墨西哥农业生产率迅速提高，据相关数

---

① 约翰·H. 帕金斯：《地缘政治与"绿色革命"：小麦、基金与冷战》，王兆飞等译，华夏出版社，2001，第 310 页。

据统计，1940—1950 年，墨西哥农作物年平均生产率为 5.8%，1950—1960 年为 4.7%，而在 1960—1965 年的 5 年间则提高到 7.7%。"[1] 另外，"二十世纪四十年代，墨西哥每年进口小麦 19.6 万～ 27.8 万吨；1955—1959 年间，年进口量已降低到 2.3 万吨左右，比四十年代减少了将近 90%；六十年代初进口量进一步降低到每年 500 吨以下。1962 年，墨西哥出口小麦 1000 吨左右，1963 年进一步增加到 72000 吨"[2]。这样，通过"绿色革命"，墨西哥成功满足了粮食需求，迅速从纯粮食进口国一跃成为粮食出口国。粮食产量的大幅提高为墨西哥节省了大量外汇，而且小麦出口甚至为国家赚取了大笔外汇。农业经济的发展促进了墨西哥整体国民经济的发展，当时墨西哥曾经因为高速的经济发展速度一度被视为"拉美奇迹"。

事实上，墨西哥农业发展的巨大成就不是偶然的，与当时国际社会对农业发展重要性的认识和发达国家对农业科技的较大投入有关，农业新技术层出不穷，尤其是作物育种。

表 1.2.3　国际社会农业新科技发展时间表

项目	时间（年）
杂交玉米	1933
氯化氢（控制虫害）	1945
少耕法	1945
叶面施肥	1945
直接应用无氧水	1947
化学杂草控制	1951
系统杀菌剂	1953
杂交高粱	1957
矮秆小麦	1961
矮秆稻米	1965
不透明玉米（高赖氨酸）	1965

---

① Lamartine P.Yates, *Mexico's Agricultural Dliema*, The University of Arizona Press, 1981, p.3.

② 约翰·H. 帕金斯：《地缘政治与"绿色革命"：小麦、基金与冷战》，王兆飞等译，华夏出版社，2001，第 313 页。

续表 1.2.3

项目	时间（年）
杂交大麦	1969
杂交棉花	1970

资料来源：Andrew Pearse,*Seeds of Plenty Seeds of Want*,Oxford University Press,New York,1980,p.8.

墨西哥以农业科技推动农业发展的"绿色革命"引起了有同样困境的亚非拉等广大的发展中国家的关注和艳羡，并纷纷起而仿效。菲律宾、泰国、缅甸、印度尼西亚等国家也在一些国际组织与美国各种基金会的援助下引进与推广高产良种作物，均取得了一定成果。

表 1.2.4　东南亚国家"绿色革命"前后水稻面积及产量对比表

（面积：万亩，单产：斤／亩，总产：亿斤）

对比	年份	菲律宾			泰国			缅甸			印度尼西亚		
		面积	单产	总产	面积	单产	总产	面积	单产	总产	面积	单产	总产
"绿色革命"前	1950	3438	160	55	7934	171	136	5747	181	104	9062	190	172
	1960	4797	154	74	8516	183	156	6296	216	136	10928	241	263
"绿色革命"后	1970	4670	229	107	10091	263	265	7214	226	163	12203	315	384
	1971	4869	210	102	10644	258	275	7146	229	164	12303	302	373
	1972	4955	198	98	10170	224	248	6792	216	147	11975	301	361
	1973	5156	217	112	11640	256	298	7367	232	171	12698	345	438
	1974	5201	215	124	11601	228	264	7326	234	172	12750	358	456
	1975	5369	232	124	12575	243	309	7406	243	184	13148	343	451
	1976	5343	241	129	12300	242	298	7770	242	188	13200	348	459
	1977	5661	244	138	12370	225	278	7712	245	189	13673	342	467
	1978	5635	248	140	11999	267	320	7800	256	200	13216	390	515

资料来源：京海：《"绿色革命"在东南亚》，《东南亚研究》1981 年第 1 期。

1950—1978 年，菲律宾水稻总产量增加 155%，单产增加 55%；泰国分别增加 135% 和 56%；缅甸则为 146% 与 41%；印度尼西亚更高达 199% 和 105%。而菲律宾的水稻面积从 1950—1978 年，仅仅增加 64%，泰国增加 51%，缅甸增加 36%，印度尼西亚增加 46%。这些国家粮食产量的大幅增长，均解除了自身的粮食危机，某种程度上推动了这些国家现代化的发展。墨西哥及印度亚洲四邻的农业发展成就的示范效应当然引起了饱受粮食短缺问题困扰的印度的关注。

2. 实施"绿色革命"前的国际农业援助

英迪拉政府实施农业发展新战略的紧迫性除了自身的严重困境与他国农业发展快速发展的示范外，还因为美国为首的西方世界的外交政策调整。两次世界大战中美国的参战，其外交就混合了扩张与孤立两种意识与情绪。二战结束以来，美国外交政策进入了"全球主义"时期，"孤立主义"传统所剩无几。[1] 美国代替英国对印度进行经济援助，西方国家纷纷跟进。在印度公营部门计划开支中，国外资金从"一五"计划的18.9亿卢比激增到"三五"计划的243.3亿卢比，国外资金占开支总额的比例从"一五"计划的9.6%增长到"三五"计划的28.2%。而国内资金在总开支的占比从90.4%大幅下降到71.8%，这较大弥补了印度国内资金不足的问题。

表 1.2.5　印度公营部门计划开支与国内外资金来源　（单位：亿卢比）

时期	开支总额	国内资金		国外资金	
		金额	占开支比例	金额	占开支比例
"一五"计划	196.0	177.1	90.4	18.9	9.6
"二五"计划	467.2	362.3	77.5	104.9	22.5
"三五"计划	857.7	615.4	71.8	242.3	28.2

资料来源：孙培钧主编《中印经济发展比较研究》，北京大学出版社，1991，第229页。

尼赫鲁政府也表示在科技创新与积累财富方面应该向西方学习。此后，印度与西方经济互动开始活跃，尤其在农业发展领域。英国从1951年7月开始，在"科伦坡计划"指导下，连续6年每年提供给印度3500万英镑（约9800万美元），共计2.1亿英镑（约5.88亿美元）。但英国因为二战导致经济实力受损，无力独自实现援助印度的目标，只能邀请美国加入"科伦坡计划"，此后美国成为援助印度的主力。1951年9月，切斯特·鲍尔斯担任美驻印大使，力促对印度援助，请求国会每年给予印度2亿~2.5亿美元经济援助。最终，国务卿艾奇逊同意将对印度援助从9000万美元增加到1.15亿美元。1956年，印度政府与美国

---

[1] 王玮、戴超武：《美国外交思想史》，人民出版社，2007，第46-48页。

达成《公共法 480 号》，美国对印出口粮食大幅增加。之后 3 年，印度大幅增加从美国的粮食进口，达到小麦 310 万吨，稻米 19 万吨。1958—1960 年，艾森豪威尔政府对印度援助共计 4.06 亿美元，主要用于农业发展。1961 年，肯尼迪当选总统后加大了对印度的援助。国会通过了《对外援助法》，之前的《共同安全法》被取代。肯尼迪政府将国际合作署与发展贷款基金合并为国际开发署，专项负责对外援助事宜。此后，肯尼迪政府加大对印度的经济与粮食援助。1961 年 6 月，多国银行团宣布在两年内向印度提供 20 亿美元以支持印度"三五"计划，其中美国就出资 10 亿美元。另外，美国还调整了《公共法 480 号》，计划之后 4 年向印度提供 13 亿美元的粮食援助。[①]1965 年第二次印巴战争爆发，约翰逊政府减少了对印度的援助，同时在粮食和经济援助方面附加苛刻条件，美印关系渐趋恶化。

在美国官方进行经济与粮食援助的同时，美国私人基金会在对印度的援助中也担任了重要角色。1952 年，洛克菲勒基金会决定开始对印度进行农业援助活动，实施印度农业计划。1955—1956 年，印度政府接受美国的提议，共同创建印美小组，探讨印度农业大学的结构与运行模式。1956 年，印度政府同洛克菲勒基金会签署协议，基金会同意提供资金与专家顾问，提高印度的粮食生产，帮助印度农业研究所（IARI）提高科研水平。1963 年，在洛克菲勒基金会的帮助下，印度引进墨西哥的矮秆小麦。1965 年，印度引进中国台湾的矮秆水稻。1966 年，引进菲律宾的"IR8"高产水稻。这些品种后来经过印度本土化改良，研发出产量更高的品种。福特基金会 1949 年改组后也跟随美国全球主义方针，扩大援助的范围与金额，而自身的资产总额也急剧扩大，到 1968 年达到 37 亿美元，是洛克菲勒基金会的 4 倍。鲍尔斯致信自己好友，福特基金会会长保罗·霍夫曼，请求对印度进行经济援助。1951 年，尼赫鲁邀请霍夫曼访印，请求基金会在印度开设办公室。基金会与印度政府签署协议，批准拨款 222.5 万美元。1960—1961 年，福特基金会在印度推行以良种、化肥、杀虫剂以及小型灌溉设施为中心的"集约农业区计划（IADP）"，选取印度各邦中农业条件优越的地区实行一揽子投入。此计划为印度"绿色革命"奠定了基础。福特基金会还为

---

① *FRUS, Vol.19, 1961-1963*, United States Government Printing Office, Washington, pp.40-43.

印度进行农业技术人员的培训、添置农业设备以及农业科技的推广助力，旁遮普农业大学的创立与运营都有福特基金会的资金投入。在福特基金会的援助下，至1966年，印度共计创办8所农业大学。[1]

国际组织也推动了对印度的国际农业援助，包括世界银行与国际开发协会。1949年，世界银行开始对印度进行经济援助，主要用于印度铁路建设。1957年，世界银行在印度设立常驻代表机构，随之扩大对印度的援助资金。1960年，世界银行的优惠贷款支部——国际开发协会（IDA）成立，向印度提供低利率的贷款，帮助印度在农业资金和技术上获得支持。1960年，印度出现粮食危机，由于大量进口粮食缓解危机，导致严重的外汇危机，被迫向世界银行求助。1964年，世界银行派出以贝尔为主席的代表团到印度调研，指出印度忽视农业发展才导致印度粮食危机，要求其转变经济发展导向，大力发展农业经济。[2] 至1987年，世界银行与国际开发协会对印度援助金额273.2亿美元，占世界银行和国际开发协会对全球贷款总数的14.9%，高居榜首。[3] 另外，据统计，在1951—1971年的20年间，世界银行与国际开发协会在印度所受外援总额中占比12.3%，美国占比56.5%，联邦德国占比7.6%，英国6.0%，苏联5.6%，加拿大4.4%，日本2.7%，其他国家总和4.9%。[4]

3. "绿色革命"的实施

1966年，英迪拉政府接受了美国与世界银行及联合国粮农组织提出的农业发展计划，首先在世界银行与国际开发协会的资金支持下引进农业新科技。英迪拉不仅让苏布拉尼亚姆留任印度粮农部长，而且将其任命为"计划委员会"委员，以增强他在新政府中的权力。1966年，英迪拉派出专家三人组到墨西哥采购作物良种，预备在该年麦季中大规模种植。9月，总计18000千吨"拉玛罗优64号"麦种抵达印度，这是发展中国家有史以来最大的单笔种子交易，可以满足高达100万英亩土地的播种需求。由此，印度开启了该国历史上最大的农业改

---

① Benjamin Robert Siegel, *Hungry Nation Food, Famine, and the Making of Modern India*, Cambridge University Press, New York, 2018, p.92.

② 劳伦斯·维特著、赵德生译：《世界银行——国际援印财团对印度援助的来龙去脉》，《国际经济评论》1980年第8期。

③ 华碧云：《印度——世界银行的最大受益者》，《世界知识》1989年第5期。

④ 尤建设：《美国对印度援助研究（1951—1971）》，中国社会科学出版社，2010，第222页。

革——"绿色革命"。

同时，英迪拉开展广泛的外交活动，为"绿色革命"争取国际援助。1966 年 3 月，英迪拉访问美国，以改善恶化的印美关系。双方讨论了苏布拉尼亚姆的农业发展计划，英迪拉接受了美国提出的卢比贬值，并增加农业生产能力的建议，获得了约翰逊政府增加援助的承诺。此后，印度农业发展中的外国援助逐渐增加。

表 1.2.6　印度农业中的外国贷款　　　　　　　（单位：亿卢比）

援助国（组织）	到 1966 年 3 月底	1966—1967 年度至 1977—1978 年度	1978—1979 年度至 1981—1982 年度	合计	
				款额	占贷款总额（%）
世界银行	0.343	26.734	14.350	41.327	9.33
国际开发协会	3.613	127.666	197.111	327.290	74.00
欧共体			3.942	3.942	0.89
国际农发基金			9.188	9.188	2.07
加拿大		8.038	8.327	16.365	3.66
联邦德国	0.140	1.537	4.098	5.776	1.30
意大利		0.147		0.147	0.03
日本		7.376	8.334	15.710	3.52
英国	1.000			1.000	0.20
美国	3.381	3.021	18.620	22.202	5.00
合计	6.477	174.599	261.870	442.946	100.00

资料来源：司马军、周圣葵、焦福军：《印度农业》，农业出版社，1986，第 101 页。

从上表可知，从 1966 年 3 月底到 1982 年，印度获得外国农业贷款大幅增加，从 6.477 亿卢比增加到 442.846 亿卢比，增加近 40 倍，在一定程度上弥补了印度农业发展资金的短缺。其中世界银行及附属机构国际开发协会在贷款总额占比超过 80%。

同时，在英迪拉政府与洛克菲勒和福特基金会的推动下，印度开始不断推行使用良种计划。"使用新麦种的土地面积从 1966—1967 年的 50.4 万公顷扩大到 1972—1973 年的 1000 万公顷。印度对进口粮食的依赖性相应地也在减少，从 1960—1961 年占总量的 4.7% 降低到 1971—1973 年的 0.8%。稻米生产也因为矮化品种的引进而发生了相似的变化。"[1]1969—1980年，国际开发协会提供给印度30多亿美元资金用以提高印度农业生产以及农业科技创新。1975年，国际开发协会拨款2.27亿美元在印度开展农业科技推广和农业服务。1969年，世界银行开始给印度农业信贷提供大量资金，满足高产品种生产项目的资金需求。1971—1989年，世界银行还向印度提供大约38亿美元低息贷款，用以印度大型公共灌溉工程项目建设，占世界银行总农业贷款的25%～30%。[2]联合国粮农组织在指导各国农业发展方面经验丰富，为印度提供了政策支持与技术投入。英迪拉政府与粮农组织进行合作，为印度引进农业新科技，并在农业研究、教育与培训方面给予帮助。1973—1994年，粮农组织为印度23所农业大学建立28个人才中心，这加强了印度的农业基础知识。[3]

表 1.2.7　印度政府对农业的投资　　　　　　（单位：千万卢比）

项目	投资总数	农业投资	农业投资占比（%）
"一五" 计划（1951—1956）	1960	734	36.9
"二五" 计划（1956—1961）	4672	949	20.3
"三五" 计划（1961—1966）	8577	1754	20.5
三个年度计划（1966—1969）	6625	1578	23.8
"四五" 计划（1969—1974）	15783	3574	23.3
"五五" 计划（1974—1979）	39303	8084	20.6
"六五" 计划（1979—1983）	116240	50099	43.1
总计	193160	66862	34.6

资料来源：*Indian Business Weekly*,August 13,1977,p.5.

　　英迪拉政府也改变了尼赫鲁政府完全偏重重工业的发展，忽视农业生产的政策，加大对农业的资金投入。农业投资总额从"三五"计划的175.4亿卢比猛增到"六五"计划的5009.9亿卢比，农业投资占投资总额的比例从20.5%增加到43.1%。

---

[1] 约翰·H. 帕金斯：《地缘政治与"绿色革命"：小麦、基金与冷战》，王兆飞等译，华夏出版社，2001，第331页。

[2] CATO Institute, *Foreign Aid an India:Financing the Lwciathan State*, Washington DC, 1992.

[3] *India and FAO Achievements and Success Stories, FAO Resentation in India*, March 2011, pp.4-5.

表 1.2.8　计划时期印度的实际经济增长　　　（单位：%）

计划	项目				
	国民收入	人口	人均收入	农业生产	工业生产
"一五"计划（1951—1956 年）	3.6	1.9	1.7	4.1	7.3
"二五"计划（1956—1961 年）	3.9	2.1	1.9	4.0	5.6
"三五"计划（1961—1966 年）	2.3	2.2	0.1	1.4	2.0
三个年度计划（1966—1969 年）	2.2	2.3	-0.1	6.0	2.0
"四五"计划（1969—1974 年）	3.3	2.4	0.9	2.9	4.7
"五五"计划（1974—1979 年）	4.9	2.3	2.6	4.2	5.8
"六五"计划（1980—1985 年）	5.4	2.3	3.2	3.5	6.6
"七五"计划（1986—1990 年）	5.5	2.2	3.3	3.6	6.5
"八五"计划（1992—1997 年）	5.9	1.8	3.29	3.5	7.5

资料来源：殷永林：《独立以来的印度经济》，云南大学出版社，2001，第 24 页。

从前三个五年计划的农业与工业生产的增长率也可以看出，工业生产增长率远高于农业生产增长率。而在 1966—1969 年三个年度计划的"绿色革命"开启时期，农业生产增长率高达 6%，而工业生产增长率则降低到 2%。从表中还可以看出，从"四五"计划开始，随着农业生产增长率的提高，对相关的工业品的需求扩大，也促进了工业生产增长率的提高，从"三五"计划的 2% 激增到"六五"计划的 6.6%。

这样，在英迪拉政府的大力推动下，在世界银行、国际开发协会以及联合国粮农组织等国际农业援助的支持下，印度"绿色革命"得以开启，并逐步推进，最终取得了巨大的成就。因此，印度农业部长苏布拉尼亚姆为此赞叹："推动印度农业科技取得巨大成就正是科技发展、国际机构支持与国际开发协会资金的合力所致。"[1]

---

[1] 世界银行：《IDA 国际开发协会——国际开发协会的第一个二十年》，1982，第 45 页。

第二章　印度农业现代化的实施

被赞誉为"绿色革命之父"的诺尔曼·勃劳格曾经就"绿色革命"作出论断："'绿色革命'就是农业科技革命。"英迪拉政府实施的"绿色革命"也是从农业科技的引进与推广开始，同时伴随着农业资本化、产业化等去农业传统化的过程，体现出印度农业现代化的特征。

第一节　农业科技化

印度农业生产长期以来都是采用传统经营模式进行，利用传统农具，密集劳动，粗放经营。印度独立后，由于尼赫鲁政府重工轻农，对农业领域投入不足，而寄希望于通过土地制度改革推动农业发展，导致农业生产一直处于长期落后局面。英迪拉虽然同情其父亲的农业政策，但面临困境，又适逢国际社会农业科技快速发展，于是改变农业发展战略，转向以农业科技为核心的农业革命。英迪拉政府的农业科技化是系统、全面与渐进的，包括引进和培育高产良种、推广农业机械化、加大对作物施用化肥农业以及建造与改造灌溉设施四个重要内容。农业科技化首先是在国际社会的援助下引进，进而展开培育高产粮食种子。

一、作物良种的引进与培育

自 1945—1975 年的 30 年间，小麦育种作为全球提高粮食产量的重要方式，美国、墨西哥、英国先后走上了通过育种提高粮食单产之途。农业专家发现半矮化的基因可以让植株更高效地吸收营养，能够更经济地增加谷物单位面积的利用率。

墨西哥"绿色革命"获得巨大成功后，联合国粮农组织与洛克菲勒基金会恳请勃劳格团队利用已有的作物良种帮助面临粮食危机的南亚地区。1963 年，勃劳格团队在印度建立了良种试验田，验证自己培育的矮秆小麦在当地的适用性。1965年，勃劳格帮助印度从墨西哥引进了550吨矮秆小麦种子，并大获成功，进而建议印度采取新的农业发展战略。最终，印度在农业部长苏布拉尼亚姆与农业专家斯瓦米纳坦的共同努力下，采纳了勃劳格的提议。此后，印度在福特基金会与世界银行的援助下，高产作物良种陆续被引进到印度并广泛种植。这样，印度具备了利用国际良种并培育本土作物高产良种的有利条件。

作物良种的引进与推广，尤其是培育是一个农业系统工程，需要政府有效争取和利用国际援助，计划与统筹农业资源的调配，制定与完善农业政策、法律法规；相关农企业节能增效的生产、储藏、运输与销售；农业科研院所的研发与服务以及对农民的教育和培训。国际上在作物良种的引进与培育方面已经取得成功的国家和地区，给了印度良好的示范和经验，推动了印度引进与培育良种的进程。

1. 政府的引导与规范

1944年，勃劳格在墨西哥建立了小麦合作研究与生产项目（The Cooperative Wheat Research and Production Program），后于1963年改称国际玉米小麦改良中心（CIMMYT），培育出众多玉米和小麦良种。1962年，洛克菲勒基金会资助在马尼拉建立国际水稻研究所（IRRI），培育出重点高产水稻IR-8，取得重大成功。之后，这种模式在中国台湾地区也推广开来。印度独立后，很快成立了农业研究的相关机构——印度农业研究委员会（Indian Council of Agriculture Research, ICAR），其前身为英属印度1929年的印度农业研究理事会（Imperial Council of Agriculture Research），其附属机构涵盖印度农业全领域，在后来的"绿色革命"的农业科技发展中发挥了巨大功能。高产品种计划（The High Yielding Varieties Programme, H.Y.V.P）就是在其领导下实施的。1973年，印度进而成立了农业研究与教育部，在各邦设立农业局，主要负责各邦的农业科技推广及农业相关项目的实施；进行农业实地调研，解决农民经营的实际问题；与农业相关的研究机构合作，组织农民参与农业教育与培训，给农民示范农业技术的使用方法，以及创设农业科技研究与农业相关单位沟通与交流平台，提高农业科技的渗透率。这样，印度政府通过改组与新建农业管理机构，构建起从中央到各邦的一系列从培育到生产，从销售运输到应用推广，从教育培训到经营实施的完整网络。

早在 1963 年，印度就成立了国家种子公司，各邦也相继成立了地方种子公司。目标是建立作物种子供应系统，提供种业服务，从种子研发与培育、质量与品控、生产与加工、市场营销与经营培训，来满足不同地区的种业需求。1966 年"绿色革命"开启后，印度颁布《种子法》，以规范种子的生产和销售。《种子法》规定了印度国内销售种子的品控办法，并制订了一套种子资格证书制度；强调作物种子仅能由印度中央与各邦政府进口与出口，而私营企业必须得到政府特许才能进出口蔬菜种子。1972 年，印度成立中央种子资格证书局，成为处理与种子法相关的所有事务与种子品控的最高权力机构。1969 年，印度政府颁布产业政策法，"只允许资产超过 10 亿卢比的印度企业进入'核心'产业，然而政府认为种子产业不是核心产业，因此，印度的大企业和国外股份超过 40% 的合资企业禁止进入种子产业"。[①]这样，国家种子公司就具有了明显的政策优势，也表明印度对种子产业的重视。1974 年，国家种子公司开展国家种子项目，推动了作物种子的培育、生产、加工、贮藏及销售。到 1975 年，国家种子公司成为印度规模最大的作物种子企业，总计生产 73000 吨各类种子，占印度全部总产量的一半。1976 年，印度在世界银行的援助下，分别投入 0.5 亿、3.89 亿与 23 亿卢比实施三个国家种子计划，并相继在 4 个邦、5 个邦与 11 个邦推广，这较大促进了作物良种向基层农民的下沉与渗透。1983 年，印度颁布《种子控制法》，重点控制和管理种子的生产和分配，以保障广大农民能够公平获得良种。1986 年，印度政府重新认定种子产业是核心产业，改变了种业特许政策，本土大企业从而进入种子产业，但对合资企业的要求不变。1988 年，印度颁发新种子法，极大激发了私营企业进入本土种子产业，并加大对国外良种的引进与改良。另外，为了种业的健康发展与农民获得良种的有效性，印度政府还成立各种农业信贷机构，以方便农民增强购买与使用作物良种的意愿。

2. 企业的生产与销售

在印度政府的引导和规范下，1960—1980 年，印度已经大体构建起一套种子的产、供、销体系。"在国家种子公司的领导下，印度建有 12 个国营种子农场，大约 300 家私营种子公司。国营种子农场和私营种子公司生产包括 70 多种农作

---

① 罗忠玲：《印度种业政策的改革及影响》，《世界农业》2004 年第 11 期。

物的 250 个品种，其中向农民提供的高产小麦品种有 29 个。此外还有 3500 余家良种销售处，经销各种良种作物种子。"[①] 其中，最为显著的是 2 个国家级种子公司，13 个邦级种子公司，还有大约 100 家私营大种子公司，其中私营种子公司占有种子商业市场份额的 60%，竞争变得愈发激烈。

在种子的销售环节，印度并没有明显划分各种种子流通渠道。"个体批发商和零售商从 NSC（国家种子公司）、SSC（邦种子公司）及个体种子经营公司购买种子；合作社仅从 NSC 及 SSC 购买；政府的 NSC 及 SSC 在各区级设有销售点，这些销售点出售量不多，但其价格和质量是农户购买种子的衡量标准；国家种子存储点仅出售 NSC 及 SSC 生产的新品种。"[②] 国家的种子存储点、国家种子公司与各邦种子公司不向农户提供低息信贷，农户可以从合作社利用信贷购买种子。1983 年的《种子控制法》规定，种子销售商必须注册登记，同时加强价格控制；新种子需要密封包装后才能出售，必须在包装上标明生产日期与发芽率。这就要求 NSC 及 SSC 在销售种子前制订促销计划，培训自己在村庄中的基层工作人员，利用各种方式进行宣传，向农户讲授与说明使用方法和注意事项。私营种子公司在激烈的竞争下，也各显其能，大力宣传、销售自己的产品。它们的工作人员的宣传和讲解活动，也让农民认识到作物良种对土地经营的重要性，激发了他们的购买意愿。但农民出于自身因素，多是就近购买零售商的种子，因为零售商的种子没有密封，可以现场检验种子质量、能够赊账、距离短、省时省事、价格较低。

另外，印度的新种子法也推动了私营企业加大种子研发与培育。他们首先从国外进口作物种子，并对其进行改良。1987 年以来，印度大企业大力进行研发投入，支出猛增了 150%，一度占印度种业研发增长总额的 36%。专业技术团队水平不断提高，工作人员中拥有博士学位与硕士学位分别增加了 158% 和 110%，种子试验站的规模增加 100%。

经过各类种子公司的努力，"包括合格种子、优良种子、高产种子在内的良种在分配量上增长了许多。60 年代初近几千公担，80 年代达到 484.6 万公担，

---

① 陈桥驿：《印度农业地理》，商务印书馆，1996，第 70 页。
② 刘忠岫：《印度的种子销售体系》，《世界农业》1996 年第 3 期。

1998—1999 年估计有 830 万公担"。[①]

3. 科研院所培育与改良作物种子

作物良种的培育与改良，生产与销售，推广和实施的确需要政府与相关农企业的持续努力。但科技人员才是农业科技发展的核心，是良种生成的第一环节，尤其应该得到重视。

独立前，全印仅有 17 所与农业相关的学院，包括农学院与兽医学院，主要是培养农业专业的学生，而各邦地方的农业与社区发展部更注重于进行农业科技的推广与实施。[②]1905 年，英国殖民时期，印度就成立了印度农业研究院（IARI），也因为所在地被称为普萨研究所（Pusa Institute）。它由五大部门组成，即农学、化学、奶牛育种、经济植物学与真菌学。独立后，普萨研究所正式更名为印度农业研究所。此时，印度只有 9 个农业相关研究机构。[③]农业研究机构与农业高等院校之间缺乏联系，研究信息与成果无法共享。

独立后，尼赫鲁政府还是比较重视农业科技与教育的发展，将各级学校作为农业科学发展与推广的主要部门，建立起从中小学到农业院校的农业教育系统。1949 年，拉哈克里斯博士建议仿效美国赠地大学运动，在印度各邦创立农业院校，发展农业高等教育。[④]1960 年，经过 1954 年和 1959 年先后两次印美农业研究与教育联合会工作组的反复提议与催促，印度技术合作委员和美国农业院校达成合作建设印度农业大学的协议，于是印度北方邦和美国伊利诺伊大学合作建立了印度第一所农业大学——潘特农业科技大学。由此，在美国国际开发署的援助下，印度在北方邦、旁遮普邦、中央邦、拉贾斯坦邦、西孟加拉邦、奥里萨邦、安德拉邦与卡纳塔克邦等地区建立了 8 所农业大学。其中 1962 年建立的旁遮普农业大学被称为"'绿色革命'之母"，后被评价为印度最好的农业大学，集农业科研、教育与推广等功能于一身。从 1960—1985 年，印度在全国共计建立了 23

---

① 张敏秋：《印度的科技兴农——业绩与问题》，《南亚研究季刊》2001 年第 1 期。

② Krishna M.Singh, *Mohar Singh Meeca, Role of State Agricultural Universities and Directorates of Extension Education in Agricultural Extension in India*, https://mpra.ub.uni-muchen.de/49108/1/Mpra_paper_49108.pdf.

③ M.S.Randhawa, *A History of Agriculture in India:Volume IV 1947-1981, Indian Council of Agriculture Reserch*, New Delhi, 1986, p.139.

④ A.Kumar, *Indian Agriculture:Issues and Prosepects*, SARUP&Sons, New Delhi, 2001, p.106.

所农业大学。[①]

　　独立后，在建立系列专业的农业大学的同时，印度政府也加快设立相应的农业科研机构，从事作物育种与作物抗病虫害研究。农业科研机构部门与农业院校的工作模式不同，主要是通过科研计划与科研项目进行农业科技的发展和推广。它们在全印建立示范区，将自己的研究成果在示范区实地试验，然后逐级推广。这种从实验室到农田的模式能够有效将理论研究与农业应用紧密联系，有利于农业科技的推广。各级农业科研机构还在印度设立大量"农业技术推广人员训练中心"与"农业科学中心"，大力培养农业技术推广员。至1986年，全印度建立起共计86个技术转让中心，负责先进农业技术的推广。[②]

　　在农业科研院所与科研机构的共同努力下，印度在小麦、稻米、玉米等作物的培育和改良上取得了巨大成就。1957年，印度从美国与墨西哥等地引进许多基因材料，同时利用国内玉米育种的遗传多样性进行扩充，极大提高了印度杂交玉米的杂交优势。印度拥有20多个科研单位专事杂交玉米育种研究，集中了育种、农业化学、土壤与植保各类专家，并扩大吸纳技术推广专家。"绿色革命"期间，印度玉米专家培育出多达几百种新品，其中"Deccan 103"生长期短，并有极强的适用性，"Ganga 9"则更早熟，可以抗茎腐病与霜霉病。[③]

　　在小麦的育种改良方面，旁遮普农业大学走在前列。旁遮普农业大学将常规育种、基因重组以及配套栽培技术结合起来，重视自然种质资源的充分利用。该校小麦育种组每年在农田间种植大量种子资源材料，然后做杂交组合，同时有计划地进行基础材料的制作，为小麦育种准备各种物质基础。因此，该校在小麦育种中利用小麦胚胎和原生质融合体选育出一批具有特异性状的种质材料。同时，旁遮普农业大学还重视对农业科技人员的培养。该校不仅开设许多前沿专业课程，而且与世界知名大学与机构合作，坚持开展师生交流。因此，广大师生在"绿色革命"这个农业科技的巨大试验场，产、学、研密切结合，迅速培养出一大批农业科技的生力军，并先后培育出大量适应印度本土气候与土壤的高产作物

① Mruthhaya, *Ranjitan, the Indian Agricultural Research System:Struture, Crurent Policy Issues and Furture Orientation*, World Develoment, 1998, pp.1089-1101.
② 陈世军：《印度的农业技术推广》，《世界农业》1996年第10期。
③ 金之华：《印度的杂交玉米育种和种子生产》，《世界农业》1992年第3期。

品种。1970 年，印度培育出第一批抗旱的本土水稻品种。另外，印度还培育出棉花、花生及油菜等高产经济作物品种。

表 2.1.1 印度高产作物种子效用、研发时间表

作物	重要优势标准	研发时间表（年）
小麦		
C306	17%	1965
PV18	60% ～ 90%	1966
Kalyan—sona227	30% ～ 100%	1967
S308	45% ～ 90%	1968
水稻		
Norlin18	25%	1967
IR8	40%	1968
棉花		
J.34	25%	1966
G.27	25%	1966
油料作物种子		
Castor No.1	30%	1965
Yellow Sarson Pb.25	20%	1966
B.S.H.No.1	21% ～ 37%	1966
Ti Pb.No.1（Sesome）	25%	1966
GROUNDNUT C145	20%	1968
Linseed Lc185	26%	1970
玉米		
Jnona351	34%	1968
Vijay	37%	1969
Jaya	21.4%	1971

资料来源：M.S.Randhawa,*Green Revolution:a Case Study of Punjab*,Vikas Publishing House Pvt Ltd,Delhi,1974,p.75.

4. 农民的教育与培训

农民是农业科技发展最后的实施者，也是最终的受益者。农民的科技素养和

文化水平均最终影响着农业科技推广与应用的效率。即使有再多、再好的作物良种，也需要农民去购买、播种、经营与收获。而印度农民受教育程度极低，是世界上最大的文盲群体。他们长期受到印度传统意识的熏陶，很难接受新事物，对农业科技甚至相当抵触。"绿色革命"开始后，印度政府、科研院所、高等院校以及农业企业都认识到提高农民的科学文化水平的重要性。因此，不仅注重提高农民的识字率，推动农村基础教育，扩大农业教育范围，积极发展成人教育与农业职业技术教育。而且通过建立乡村科协，通过农业广播学校、农业函授大专等多种形式向农民普及科技、经济和管理知识，加强对农民的应用技术培训，使更多的农民成为农业科技的运用者。[1]

自 1966 年起，旁遮普农业大学每年都会在 3 月与 9 月举行农民博览会，在会上，农民可以亲自观摩农作物栽培新技术；农业专家会在田间地头向农民亲自示范和测试新技术；旁遮普农业大学还会每月定期出版农业相关期刊、农业图书与农业手册指导农业生产。到 1980 年代中期，《前进中的农业》月刊发行量可以达到 12000 份。该期刊涉及几乎所有农作物、水果、蔬菜等内容；农民还可以通过参加训练营与收听广播、观看电视等大众媒介获得最新的农业知识；举办训练营和提供日常农业咨询。旁遮普邦通过这样一整套农民教育和培训的推广体系，可以让农业科技人员研发的农业新技术能够快速到达农民手中。[2]

Krishi Vigyan Kendra（KVK）是一家创新的培训机构，为农民、农村妇女、农村青年和辍学者提供职业培训，提供以技能为导向的培训，不仅满足个人的各种需求，还满足村庄和社区的共同需求。它涵盖了农业技术、家庭手工艺品、儿童保育、家庭福利、动物饲养和管理、渔业、养蜂和家庭手工业，具体取决于该地区和校内人员的需求以及校外培训计划。

表 2.1.2　培训方案对知识的影响

项目	知识增长的平均百分比		知识的保留（%）	
	校内	校外	校内	校外
乳业	89.26	56.54	11.15	21.86

---

① 兰玉杰：《科技进步与各国农业发展及其启示》,《农业现代化研究》1999 年第 2 期。
② 张治华：《印度旁遮普农业大学与旁遮普邦农业》,《世界农业》2000 年第 1 期。

项目	知识增长的平均百分比		知识的保留（%）	
	校内	校外	校内	校外
饲料	192.53	96.52	18.36	20.14
谷类作物	147.16	16.62	24.89	14.48

资料来源：K.S.Jalihal,*Impact of Farmers Training Camp on Adoption of Improved Practices of Hybrid Maize*,Ind. Jou. of Extn.Edu.Ⅻ,June,1981,p.17.

上表的数据表明，由于参加了培训计划，受访者的知识有了显著提高。乳业、饲料和谷类作物领域的知识粒度在校园内分别为 89.26%、192.53% 和 147.16%，而在校外培训课程中分别为 56.54%、96.52% 和 16.62%。在培训完成之后，所获得的知识也有很大程度的保留。在校内培训中，所获得知识的保留率分别为 11.15%、18.36% 和 24.89%，而在校外培训中，分别为 21.86%、20.14% 和 14.48%。

在乳业、饲料和谷类作物领域的校内培训方案中，技能提高率分别为 109.98%、73.28% 和 112.60%，校外培训方案中的技能提高率为 37.77%、62.18% 和 80.80%，从而证明了校内和校外培训方案的有效性。

表 2.1.3　培训计划对技能的影响

项目	技能提高的平均百分比	
	校内培训	校外培训
乳业	109.98	37.77
饲料	73.28	62.18
谷类作物	112.60	80.80

资料来源：K.S.Jalihal,*Impact of Farmers Training Camp on Adoption of Improved Practices of Hybrid Maize*,Ind. Jou. of Extn. Edu.Ⅻ,June,1981,p.17.

校内和校外的培训计划在实际采纳方面非常有效。在校内培训后，在乳业、饲料和谷类作物领域实际采纳的比例分别为 98.25%、69.36% 和 54.00%；而在校外培训后，实际采纳比例分别为 77.93%、76.42% 和 142.73%。

表 2.1.4　采纳培训计划的影响

项目	平均增加百分比	
	校内	校外
乳业	98.25	77.93

续表2.1.4

项目	平均增加百分比	
	校内	校外
饲料	69.36	76.42
谷类作物	54.00	142.73

资料来源：K.S.Jalihal,*Impact of Farmers Training Camp on Adoption of Improved Practices of Hybrid Maize,*Ind. Jou. of Extn. Edu.Ⅻ,June,1981,p.17.

类似KVK这样的农业培训，在整个"绿色革命"期间为印度培训了总计高达2000多万农民、农村妇女与农村青年，极大助力了农业科技的最终落实。

1966—1980年，全印度培育改良出100多个小麦高产良种。同时在水稻育种上，通过对多达上万个品种进行筛选，最终培育出一大批具有矮秆、耐盐碱、耐干旱、抗病害的高产优质种子，适应在印度不同的自然条件下种植。据1966—1967年度至1980—1981年度统计，印度5种主要粮食作物（水稻、小麦、高粱、玉米、非洲黍）高产品种的种植面积从189万公顷增加到4528万公顷，激增24倍，其中高产小麦与高产水稻分别占小麦和水稻总种植面积的78.8%与45.6%。印度的作物培育与改良工程取得巨大成功。

二、化肥农药的施用

高产作物良种的培育与改良的确可以提高作物单产，但前提是需要充足的水肥与作物的健康生长，免除病虫的侵害。印度传统农业经营中，农民给作物提供养分方面仅仅施加农家有机肥。农家有机肥的优点是肥力长效、成本低廉，但缺点更加突出，单位肥力低，见效慢，收集困难，不能满足作物生长过程的需要。虽然印度牛的数量最多，拥有2亿多头，年产牛粪约70亿吨，但大多作为燃料消耗，无法为土地提供应有的肥力。长期以来，印度农民大多采用掠夺式耕种，土壤肥力不断减少，导致大量土地被抛荒。作物病虫害一直伴随着农业生产，印度传统农业对此无计可施，因为气候导致的病虫害频频暴发，造成作物大幅减产，甚至绝收的情况屡见不鲜。另外，虽然印度土壤多种多样且很肥沃，但缺乏磷和氮这两种有机肥。这些因素都影响着印度农作物的收成，而解决办法只有施用现代化肥和农药。

1. 化肥的施用

"绿色革命"前，印度的化肥与农业生产量远远不能满足农业生产需求。1951—1952 年度，印度化肥产量只有 3.9 万吨，到 1960—1961 年度，印度总计生产化肥 16.6 万吨，其中磷肥 55083 吨，氮肥 110243 吨，而磷肥的消耗量 56147 吨，氮肥的消耗量 296129 吨。1964—1965 年度，国内氮肥与磷肥的生产量分别为 245296 吨与 120845 吨，而消耗量则分别为 510508 吨和 147896 吨。[①]生产量与消耗量之间存在巨大的差额，必须从国外大量进口。

表 2.1.5　印度化肥的产量、进口量和消费量　　　　（单位：万吨）

年度	产量	进口量	消费量	每公顷作物面积消费量（千克）
1951—1952	3.9	5.2	7	0.5
1960—1961	16.6	42	29	1.9
1970—1971	106	63	226	13.1
1980—1981	300	276	551	31.8
1987—1988	713	98	901	—
1990—1991	904.4	276	1251	76

资料来源：鲁达尔·达特、K.P.M. 桑达拉姆：《印度经济·下册》，雷启淮等译，四川大学出版社，1994，第 36 页。

"绿色革命"开始后，印度政府十分重视化肥生产，仅从投资额来看，肥料工业是仅次于钢铁工业的第二大工业。1985 年，印度化肥生产能力已经达到 666.5 万吨，其中氮肥产量居世界第四位。

表 2.1.6　印度肥料生产能力　　　　（单位：万吨）

年度	N			P_2O_5		
	累计能力	产量	工厂数（个）	累计能力	产量	工厂数（个）
1951—1952	9	2.89	3	7.8	0.98	12
1961—1962	24.6	15.43	8	10.7	6.54	17
1971—1972	155.0	94.92	20	53.2	29.03	34

[①] W.D.Posgate, *Fertilizers for India Green Revolution:the shaping of Government policy, Asia Survey*, Vol.14, No.8, Aug, 1974, pp.733-750.

续表2.1.6

年度	N			P₂O₅		
	累计能力	产量	工厂数（个）	累计能力	产量	工厂数（个）
1980—1981	458.6	216.3	34	133.4	84.15	54
1982—1983	517.3	342.97	35	148.2	98.37	55

资料来源：王亚密：《印度的化肥工业》，《现代化工》1985年第3期。

从上表中可知，印度氮肥和磷肥的累计能力与产量均大幅增加，原因在于化肥工厂的大量建立。氮肥厂的数量从独立初的3个增加到1983年的35个，磷肥厂从12个增加到55个。同时，早期印度生产的氮肥是硫铵，磷肥是普钙，后来可以生产尿素、磷铵以及氮、磷、钾等高浓度化肥。化肥的肥力也大幅提高，从最初的19%提高到1985年的42%。

表2.1.7 印度化肥品种结构

年度	养分	品种								
		硫铵	硝酸铵钙	尿素	氯化铵	NP和NPK	磷酸二铵	尿磷铵	硝酸磷肥	普钙和重钙
1951—1952	N	100.0	—	—	—	—	—	—	—	—
	P₂O₅	—	—	—	—	—	—	—	—	100
1960—1961	N	73.4	9.4	4.8	2.3	1.0	—	—	—	—
	P₂O₅	—	—	—	—	2.0	—	—	—	98.0
1965—1966	N	38.8	43.2	5.3	1.7	3.5	—	—	1.4	—
	P₂O₅	—	—	—	—	8.7	—	—	2.8	88.5
1970—1971	N	15.1	9.5	60.5	0.7	3.7	1.2	5.4	2.2	—
	P₂O₅	—	—	—	—	15.7	11.3	19.8	8.0	45.2
1975—1976	N	8.3	10.2	67.0	0.2	7.9	0.6	3.6	1.8	—
	P₂O₅	—	—	—	—	43.8	7.7	16.7	8.4	23.4
1980—1981	N	4.2	4.0	71.9	0.2	11.3	2.1	3.1	4.2	—
	P₂O₅	—	—	—	—	43.8	14.0	8.0	10.8	23.4
1982—1983	N	2.9	2.0	80.7	0.3	7.1	2.3	2.2	2.5	—
	P₂O₅	—	—	—	—	38.8	21.6	0.5	8.5	22.6

资料来源：王亚密：《印度的化肥工业》，《现代化工》1985年第3期。

印度本土短缺磷、硫等矿物质，生产磷肥所需的磷、硫等原料，基本依靠进口。另外，印度每年还需要进口大量合成氨。到1981—1982年，磷矿、硫黄、磷酸与合成氨的进口量分别高达 141.8 万吨、90.4 万吨、44.11 万吨、24.08 万吨。

表 2.1.8　印度进口硫、磷和氨的数量　　　　　（单位：万吨）

品种	年度								
	1974—1975	1975—1976	1976—1977	1977—1978	1978—1979	1979—1980	1980—1981	1981—1982	1982—1983
磷矿	94.2	51.3	58.5	108.4	119.4	148.0	134.5	141.8	141.6
硫黄	68.8	56.2	79.5	87.3	80.2	109.2	81.6	90.4	85.8
磷酸				23.2	23.97	27.19	36.53	44.11	
合成氨		2.7	1.66	4.35	9.54	11.71	15.93	24.08	15.11

资料来源：王亚密：《印度的化肥工业》，《现代化工》1985 年第 3 期。

　　面对高产良种迅速增加的化肥需求，印度政府制定了庞大的化肥发展规划，大量新化工工厂快速建设，希望到 1990 年实现化肥全部国产化。在国内化肥生产上，印度政府采取政府和私人企业并举政策。为了激励私营企业增加化肥生产，印度政府制定化肥出厂价格，保证企业有 12% 的利润率。同时，为了避免化肥销售价格过高，政府给予私营化肥企业财政补贴，仅 1985 年就补贴 160 亿卢比。以印度斯坦化肥公司为例，该公司在西孟加拉邦的哈尔迪亚，该地区年发电量只有 3.9 万千瓦，但耗电量为 5.2 万千瓦，邦政府从通用电中紧急加拨 0.6 千瓦，后增加到 0.9 千瓦，以便公司能够正常运转。

　　另外，印度还建立农民化肥合作社，取消供销合作社的化肥经营的特权，方便化肥的购买与使用。农民化肥合作社成立于 1967 年，最初只有 57 个成员，后发展到 37700 个成员，是亚洲最大的化肥合作公司。它在全印建有大量化肥销售中心，并配备科技人员，向农民讲解科学施肥方法。农民化肥合作社在销售化肥的同时，还免费向农民提供农业险，如果因为使用他们的化肥而遭受损失，最高可以获得 100000 卢比的赔偿。农民化肥合作社还下设救助基金，以帮助灾损时救助社员。[1] 到 1985 年，各类化肥经营机构增加到 15.6 万个，大约每 4 个村，550 个农户就有一个化肥经营店。

　　从政府到企业，再到基层的化肥合作社，印度建立起一系列化肥生产、销售与使用的完整系统，极大促进了印度化肥生产与施用量的增长。

---

[1] 郭晓茹：《印度农民化肥合作社印象》，《江苏农村经济》2008 年第 5 期。

表2.1.9　印度化肥生产、进口和消费量　　　　（单位：吨）

项目	1960—1961年	1970—1971年	1980—1981年	1982—1983年	1983—1984年	1984—1985年
氮肥						
国内产量	98000	830000	2164000	3424000	3485000	3917000
进口	399000	477000	1510000	425000	656000	2008000
总计	497000	1307000	3674000	3849000	4141000	5925000
消费	210000	1484000	3678000	4224000	5202000	5486000
磷肥						
国内产量	52000	229000	841000	980000	1048000	1263000
进口		32000	452000	63000	143000	745000
总计	52000	261000	1293000	1043000	1191000	2008000
消费	53000	462000	1214000	1437000	1730000	1886000
钾肥 *						
进口	20000	120000	797000	644000	556000	871000
消费	29000	228000	624000	737000	775000	839000
全部化肥						
国内产量	150000	1059000	3005000	4404000	4533000	5180000
进口	419000	629000	2759000	1132000	1355000	3624000
总计	569000	1688000	5764000	5536000	5888000	8804000
消费	292000	2177000	5516000	6388000	7710000	8211000

* 印度国内不生产钾肥。

资料来源：朱昌利：《印度农村经济问题》，云南大学出版社，1991，第166-167页。有删减。

印度国内化肥产量从1960年15万吨猛增到1985年518万吨，增长34.5倍，消费量从29.2万吨增长到821.1万吨，增长28倍。

表2.1.10　印度化肥施用量的增长

年度	化肥消费量（百万吨）	总播种面积（百万公顷）	每公顷播种面积化肥施用量（千克）
1950—1951	0.069	131.9	0.52
1955—1956	0.148	147.3	1.00
1960—1961	0.306	152.8	2.00

续表2.1.10

年度	化肥消费量（百万吨）	总播种面积（百万公顷）	每公顷播种面积化肥施用量（千克）
1965—1966	0.784	155.4	5.05
1970—1971	2.256	165.1	13.66
1975—1976	2.90	171.0	16.95
1980—1981	5.52	173.1	31.88
1985—1986	8.73	172.5	50.61
1986—1987	8.73	—	—
1987—1988	9.01	—	—
1988—1989	11.33	—	—

资料来源：A.N.Agrawal,*India Economic InformationYear Book*,1989-1990.

印度化肥施用量快速增长，从1951年的6.9万吨，激增到1988年的1133万吨，增长164倍，每公顷化肥施用量从0.52千克增长到1986年的50.61千克，增长近百倍。

对比印度"绿色革命"前后化肥消费情况，能够更直观地看出印度化肥施用量的增加。氮、磷、钾肥的消费量分别从1965—1966年度60万、15万和9万吨，增加到1970—1971年度的149万、46万与23万吨，分别增长248.33%、306.67%和255.55%。

表2.1.11　印度"绿色革命"前后化肥消费情况　　　　（单位：吨）

年份	1950—1951	1955—1956	1960—1961	1965—1966	1970—1971
氮肥	56000	107000	210000	600000	1490000
磷肥	7000	13000	70000	150000	460000
钾肥	6000	12000	26000	90000	230000

资料来源：Gerald E.Sussman,*The Challenge of Integrated Rural Development in India:A Policy and Management Perspective*,Westview Press,Boulder,1980,p.150.

2. 农药的施用

高产良种作物对农药的依赖性较高，而传统作物品种因为对本土病虫害具有一定的抵抗力，一般不会相互传染。但是，基因统一的高产品种则需要时间来重新适应环境，同时高产良种的固定耕作模式相比传统品种轮种方式给病虫害提供更稳定的生长环境。所以，高产品种对农药的需求更高。

印度使用农药始于独立初的 1948 年进口六六六灭蝗虫，滴滴涕治疗疟疾，并于 1952 年印度本土建立第一家生产六六六的农药厂。"一五"计划期间，该厂六六六的生产量从每年 500 吨增长到 1000 吨，后在"二五"计划期间增长到 3900 吨。1958 年，印度农药产业发展到可以制造 5 种农药，生产量可达 5000 吨。可以看出，尼赫鲁政府时期，农药的生产量和消耗量都很低，农药还远没有形成产业。"绿色革命"开始后，高产品种的大面积种植导致对农药的需求大幅提高，印度农药的消耗量也节节攀升。

表 2.1.12　印度农药消耗量　　　　　　　　　　（单位：吨）

年度	数量
1965—1966	14630
1970—1971	24320
1975—1976	57150
1981—1982	58000
1983—1984	58000
1984—1985	56000
1985—1986	66000

资料来源：A.G.Bhade、李岚然：《印度的农业与农药工业》，《农药译丛》1989 年第 2 期。

"绿色革命"在 1966—1986 年的 20 年间，印度因为高产品种的种植和推广，农药的消费量从 14630 吨增长到 66000 吨，增长近 5 倍。为了满足印度农业生产对农药持续增长的需求，印度的农药企业也不断发展，不仅生产量可以满足市场需求，而且农药种类日益丰富。

表 2.1.13　印度农药生产情况　　　　　　　　　（单位：吨）

名称	1978—1979 年	1979—1980 年	1980—1981 年
六六六	35254	31806	28760
滴滴涕	4476	4531	4004
马拉硫磷	2845	2136	1264
对硫磷	2242	2553	1213
甲基 1059	208	139	150

续表2.1.13

名称	1978—1979 年	1979—1980 年	1980—1981 年
杀螟松	401	350	116
乐果	721	804	817
磷铵	563	584	451
敌敌畏	278	218	103
喹硫磷	379	546	386
稻丰散	11	0	0.6
西维因	767	1501	1155
硫丹	36	133	496
久效磷	46	171	338
倍硫磷	—	—	54
氧氯化铜	1199	1196	1147
硫代氨基甲酸酯	—	1733	1159
氯化镍	48	12	39
有机汞剂	130	135	179
多菌灵	25	27	28
氟乐灵	—	2	13.5
2,4- 滴	316	192	338
除草醚 / 敌稗	25	109	1.5
对草快（K/L）	48	402	73
茅草枯	13	11	3
矮壮素	—	—	4.6
磷化锌	170	158	197
磷化铝	591	249	710
溴甲烷	34	19	33
二溴甲烷	4.0	20	25
抗生素	—	15	4.7
合计	49753	49866	43262

资料来源：戎谊：《印度的农业工业》，《农药译丛》1983 年第 10 期。

印度农药工业是由不同于国有企业的一些私营企业组成，有合资的、集团的和小规模的企业。生产规模大小不一，主要考虑的是产品的适销和使用安全。所以，农药工业的质量至关重要。政府管理部门已经建立了一个质量控制检查站和实验室的联络网，在检查、测试、诉讼等方面，各邦农业局承担主要责任。同时，政府与农药业界合作，要求工厂派出人员在政府部门的研究实验室进行培训。另外，农药工业界必须向农业部登记新产品，获批后才能销售。登记委员会执行农药管理条例，随时修改其中的一些内容，以适应新农药市场的发展。同时，对整个农药行业各个环节，包括宣传安全、劳动卫生、生产工艺、贮藏与废料处理等方面作出详细规定。设立印度标准协会，以国家标准作为生产农药安全的基准，并对农药使用人员进行培训。印度农药协会还出版《农药使用手册》，免费赠送给销售人员与农民，内容主要是贮藏、运输、施用与使用施药器械。

表 2.1.14　旁遮普农药消费量　　　　　　　　　（单位：吨）

年份	消费量
1975	3300
1980	3000
1985	4800
1990	6000

资料来源：曾泳心：《印度旁遮普邦农业发展及其影响、启示研究（1966—2004）》，广西师范大学，2017。

　　旁遮普邦是"绿色革命"的重镇，对农药的需求相对更大。根据上表，1975—1990年，旁遮普邦的农药消费量增长了45%。农药作为农业科技的主要内容，为高产作物良种的种植与收获保驾护航，极大地减少了传统农业因为作物病虫害带来的巨大损失。

三、农业机械的使用与推广

　　农业机械化是指使用机器开展农业生产经营，以替代人力与畜力进行农业生产活动的传统方式。1914年，印度第一次接触农业机械，第一台拖拉机从英国传入印度。1940年，印度中央拖拉机组织进口大马力履带式拖拉机。1950年，全印只有8000台拖拉机[①]，农业机械数量稀少，品种单一。广大农村仍然使用人力和畜力进行农业生产，效率低下。

尼赫鲁政府时期，印度农业机械主要依靠国际社会的援助与合作。1949—1981年，世界银行与国际开发协会给印度提供总计127.66亿美元贷款，其中仅有0.6%用于农业机械。自1956年起，苏联分别于1956年、1964年与1966年捐赠给印度价值750万卢布、293万卢布与1100万卢布的农业机械，建立了拉贾斯坦邦苏拉特机械化国营农场、第二国营农场以及其他5个国营农场。1960年，印度与联邦德国艾希尔机械厂合作生产艾希尔牌拖拉机，同年，与麦赛·福格森厂合作生产MF-1035型拖拉机。1961年，全印进口拖拉机3248台，是国产拖拉机总产量的5.3倍。

"绿色革命"开始后，印度在加大进口农机的同时，也采取与国外合作生产农机，包括奖金合作和技术合作。先后于1966年、1970年与1971年和波兰、美国福特公司、联邦德国道依茨公司、苏联合作生产拖拉机。1971年，旁遮普拖拉机厂还自己研制生产了小型拖拉机"斯瓦拉吉"，以满足小农户的需要。1972年，印度分别与英国万国拖拉机厂、利兰德公司、捷克斯洛伐克热拖拖拉机厂、罗马尼亚等厂商合作生产拖拉机。1963—1973年的10年间，印度还相继与日本的秋田、三菱、洋马、井关与佐藤公司合作生产动力耕耘机，许可生产量达到4万台。即使这样，1970年还进口拖拉机1.27万台，是国产拖拉机生产量的63.7%。然而，到1973年进口拖拉机占比仅为8.5%，印度拖拉机产业基本国产化。到1986年，印度共计有十几家轮式拖拉机制造厂，大多可以利用本地生产的零部件。印度农机的国产化极大地推动了印度拖拉机的生产能力，加快了农业现代化的进程。

表2.1.15　印度"绿色革命"以来拖拉机和动力水泵增长情况　　（单位：万台）

项目	1966年	1972年	1977年	1981年	1981年比1966年增长百分比
农用拖拉机	5.4	14.82	29.86	52.32	968.8
农用柴油水泵	47.1	154.6	29.86	440	934.1
农用电力水泵	41.5	161.8	29.86	460	1108.4

资料来源：陈桥驿：《印度农业地理》，商务印书馆，1996，第75页。

[①] Gajendra Singh, *Agricultural Mechanisation Development in India*, Ind.Jn.of Agri.Econ.Vol.70, No.1, Jan.-March 2015, pp.64-82. 有删减。

从上表的数据中得知，"绿色革命"以来，农用拖拉机、农用水泵均获得惊人的增长，达到9倍以上，甚至11倍的增长数。

表2.1.16　印度主要农业机械拥有量　　　　　　　　（单位：万台）

机械类型	1960—1961年	1970—1971年	1980—1981年	1990—1991年
拖拉机	3.0	9.0	42.8	123.3
动力耕耘机	—	1.7	8.0	9.5
电动泵	10.0	102.9	433.0	891.0
柴油泵	23.0	154.6	310.1	565.9
动力喷雾器/除尘器	—	4.5	12.4	20.0

资料来源：N.S.L. Srivastava, *Farm Power Source, Their Availability and Future Requirements to Sustain Agricultural Production. Status of Farm Mechanization in India*, 2003, pp.57-68.

从此表的数据来看，印度"绿色革命"中农机的发展则更加快速与全面。1960—1990年的30年间，拖拉机增长40倍，电动泵增长89倍，柴油增长24倍，而动力耕耘机与动力喷雾器则从无到有，基本满足国内需求。

因为印度农业机械化率的快速增长，导致印度农业耗电量不断加大，截至1990年，农业耗电量约占国家总电力的14%。

表2.1.17　印度农用动力

项目	数量（百万）	单机功率（瓦）	总功率（兆瓦）	百分率（%）
畜力	80.00	375	30000	26.17
固定柴油机	4.5	3750	16875	14.72
四轮拖拉机	0.85	30000	25500	22.24
二轮拖拉机	0.07	6000	420	0.37
灌溉泵（电力）	6.00	3500	21000	18.32
农业加工（电力）	—	—	8000	6.97

资料来源：葛芸芳：《印度农业机械化概况》，《广东农机》1995年第3期。

从印度农用动力的数据看，印度传统农业生产的主要动力，即畜力已经在农业动力总占比中降低到26%，主要用于土地准备、提水、脱粒、行间中耕以及运输。而各类农机在农业动力中占比约84%，成为印度农业生产中的绝对主力。

印度政府为了鼓励国内农业机械制造业的发展，将发动机、拖拉机、动力耕耘机以及机械套件等放在优先地位，并在生产原材料分配政策上给予倾斜。银行向农业机械制造厂和拖拉机厂提供年利率为 10%～15% 的贷款。90% 以上的农民通过银行贷款购买拖拉机、水泵等农机，对拥有耕地 2 公顷以下的农户提供年利率为 10% 的贷款，拥有 2 公顷以上的利率为 12.5%。由于执行了有效的贷款政策，同时商业银行放松信贷，小农户可以获得 80% 的拖拉机购买价格的贷款，因此拖拉机等农机的销售量快速增长。另外，印度商业银行还推出了购置农机抵押贷款业务。农户将自己储存在仓库中的农产品抵押给银行，就可以从银行领取相当于农产品价值 75% 的贷款额。

为了提高农机的利用率，印度政府和农机企业还推出联合购置、出租经营的方式。拥有 6～8 公顷水稻田的农户可以联合起来购买拖拉机等农机，除了自己使用之外，还可以租给其他没有农机的农户使用。1970 年，印度政府在各邦均设立农机公司，除了销售农机外，也向无农机的农户出租农机。还有些私营企业开设农机出租和服务中心，政府对其提供低息、便利的贷款。政府还向有资质的工程师提供贷款，并在村庄设立拖拉机租借服务组，既给大量的农机工程师提供了工作，也促进了农村农业机械的利用率。租借农机的农户通常都是 2～6 公顷土地的拥有者，土地面积较小，经济实力薄弱，无法购置农机，一般采取租借农机的方式，主要用于整地、平地与脱粒等农活。私人拖拉机每年使用时间为 600～800 小时，其中一半时间租借给其他农户使用。1980 年，西孟加拉邦的动力耕耘机出租经营，每天三班作业 22 小时，耕耘机出租每小时租金 50 卢比，包括农具租金 45 卢比，操作人员工资 5 卢比。

这些提高农机利用率的组合措施，的确推动了农机的普及率。但农机的使用需要一些配套设备，尤其是农村的通电率。到 1988 年，印度经过 20 多年的努力，各邦大多数村寨都实现通电，并安装了电力水泵。

表 2.1.18　印度农村通电村寨和水泵安装数

名称	通电的村寨数		水泵安装数	
	1965—1966 年	1987—1988 年	1965—1966 年	1987—1988 年
安德拉邦	4099	25085（91.6）	57000	891000
阿萨姆邦	66	16620（75.6）		3000
比哈尔邦	3744	39466（58.4）	11000	223000

续表2.1.18

名称	通电的村寨数		水泵安装数	
	1965—1966年	1987—1988年	1965—1966年	1987—1988年
古吉拉特邦	1671	18029（99.5）	17000	363000
哈里亚纳邦	1179	6745（100.0）	15000	323000
喜马偕尔邦	1438	16718（99.5）		3000
卡纳塔克邦	4627	26363（97.5）	42000	575000
喀拉拉邦	1083	1268（100.0）	7000	170000
中央邦	1133	49991（70.1）	7000	597000
马哈拉施特拉邦	4273	37444（95.1）	45000	1209000
奥里萨邦	534	27161（58.3）		36000
旁遮普邦	3697	12342（100.0）	25000	508000
拉贾斯坦邦	1115	22595（64.6）	7000	305000
泰米尔纳德邦	7830	15731（99.4）	257000	1160000
北方邦	5855	73492（65.3）	17000	588000
西孟加拉邦	1594	22722（59.8）		57000

备注：括号内是通电村寨与全部村寨的百分比。

资料来源：朱昌利：《印度农村经济问题》，云南大学出版社，1991，第173页。

从上表各邦通电村寨数与水泵安装数看来，各邦通电村寨数量极大增长，甚至在阿萨姆邦、奥里萨邦，从66个与534个增长到16620个和27161个，分别增长近252倍和51倍。更难能可贵的是，古吉拉特邦、哈里亚纳邦、喜马偕尔邦、喀拉拉邦、泰米尔纳德邦与旁遮普邦基本实现了全部村寨通电。电力水泵同样增长迅猛，尤其是阿萨姆邦、喜马偕尔邦、奥里萨邦与西孟加拉邦，电力水泵从无到有，分别增长到3000台、3000台、36000台和57000台。村寨是农业机械化的最下沉区域，其巨大的变化也最能反映农业机械化推广的成就。

表2.1.19 印度农业机械化的成就

项目	1961年	1970年	1980年	1990年
1.作物总面积（万公顷）	15280	16580	17500	18250
2.拖拉机（累计总数万台）	3.1	10.0	47.3	129.7
每10万公顷作物面积拥有台数	20	60	279	710

项目	1961 年	1970 年	1980 年	1990 年
3. 柴油发动机（累加台数）	23.0	23.0	290.0	470.0
每 10 万公顷作物面积拥有台数	151		1657	2575
4. 电动管井和灌溉水渠	131	217	2286	4685
5. 每千公顷农作物消耗电力（千瓦／小时）	5.5	23.0	71.0	196.7

资料来源：鲁达尔·达特、K.P.M. 桑达拉姆：《印度经济·下册》，雷启淮等译，四川大学出版社，1994，第49页。

总的来说，从印度农业机械化成就的表格数据中，我们可以看到，1961—1990 年间的 29 年，作物面积从 1.528 亿公顷增加到 1.825 亿公顷，仅仅增加 19.4%。但拖拉机的总数从 3.1 万台增长到 129.7 万台，增长近 42 倍，每 10 万公顷作物面积拥有拖拉机的台数从 20 台增长到 710 台，增长 35.5 倍。电力消耗也大幅增长，每 1000 公顷农作物消耗电力从 5.5 千瓦／小时增长到 196.7 千瓦／小时，增长 35.7 倍。

四、灌溉设施的建造与改进

水是农业生产及发展的必要条件，但自然水源分配十分不均。印度恒河平原雨量丰沛，水资源充足，而德干高原、中印度、旁遮普邦和拉贾斯坦邦等地区则雨量稀少且变化无常，没有灌溉农业生产无法正常进行，就需要建设人工灌溉设施。

英属印度时期，殖民者为了攫取利益与稳定统治，采取以工代赈的方式开挖沟渠，发展灌溉农业，其中在旁遮普邦地区兴建了一些较大的灌溉工程，为印度灌溉网打下一定的基础。1849—1859 年建设上巴里多阿布灌渠，1822—1882 年完成锡尔新德灌渠，在萨特累季河建设路帕尔堰坝，1854 年，在恒河—亚穆纳河上建成上恒河灌渠，1872 年建成下恒河灌渠，1874 年建成亚穆纳河的亚格拉灌渠，1928 年建设萨尔达灌渠，1933 年建成萨特累季灌渠与弗洛兹普尔堰坝。这些灌渠和堰坝主要建在缺水的西部，采用先进的英国技术，主渠和支渠相辅，构成独立的灌溉网络。西部的干旱和半干旱地区已经广泛利用地下水和浅井灌溉，节省资金且建设周期短，因此，这里的农业经济也被称为"水井经济"。

独立后，印度政府对水渠灌溉十分重视，40% 的灌溉都由水渠提供，有计划制订了综合发展灌溉的一系列措施。1954 年建成巴拉克灌渠，并于 1968 年交付巴拉克电站，不仅扩大了灌溉面积，而且为以后的管井灌溉发展提供了所需的电力。"三五"计划期间，陆续建成了萨哈亚克灌渠、拉姆干灌渠与比特发灌渠，并准备建设东、西甘达克灌渠和东、西坦柯西灌渠。与英属印度时期不同，这时期建成的灌渠将灌溉与电力综合发展。但是，水渠的缺点很明显，尤其是流动过程中由于蒸发、渗漏与堵塞导致水分损耗过大。而管井有更多的优点，如投资小，花费时间短、见效快与操作方便。所以，印度大力发展管井灌溉，而储水池与其他水源（如水塘）因为缺点更加突出在灌溉中的重要性大幅下降。

表 2.1.20　印度各种水渠灌溉面积的增长情况

灌溉来源	1950—1951 年度		1982—1983 年度	
	面积（万公顷）	百分比	面积（万公顷）	百分比
水渠	830	40	1550	38
水井（含管井）	600	29	1900	48
储水池	360	17	310	8
其他水源	300	14	240	6
总计	2090	100	4000	100

资料来源：*Indian Agriculture Brief*,21st Edition,1986,pp.26-27.

从上表 1950—1982 年的数据表明，水渠的灌溉面积增长了 86.7%，但在总灌溉面积的占比则从 40% 下降到 38%，而水井从 29% 猛增到 48%；储水池和其他水源甚至灌溉面积也减少了，占比更是从 17% 与 14% 下降到 8% 和 6%。

"绿色革命"开始后，英迪拉政府更加重视灌溉设施建设，以与良种作物推广、化肥施用量加大和农业机械化普及等措施相适应。印度加大对灌溉设施的投入，从"一五"计划（1951—1956）的 37.6 亿卢比猛增到"七五"计划（1984—1989）的 1417.4 亿卢比。各邦也增加对灌溉设施的建设，1977 年底，印度各邦灌溉部长会议上通过了 5 年里扩大灌溉 1.7 亿公顷土地的决议。《泰晤士经济学家报》报道，印度政府计划在 1977—1978 年为大中型灌溉工程拨款 100 亿卢比，并在 5 年内增加拨款 700 亿卢比，农田水利建设的支出占总支出的 24% ~ 34%。另外，印度在灌溉设施建设的过程中，大力争取世界银行集团的优惠贷款。从 1961—1990 年，印度从世界银行获得贷款计总 99.05 亿美元，其中 50.86% 投入农田水利建设。

表 2.1.21 一些国家政府水利投资占财政总支出的比重

国家	时间（年）	财政总支出（本国货币）	政府水利投资金额	政府水利投资占财政总支出比例（%）
印度	1983—1987	366658 亿卢比	3609.84 亿卢比	10.0
苏联	1951—1985	26792 亿卢布	1256 亿卢布	4.7
泰国	1983—1992	27394 亿铢	1291 亿铢	4.7
中国	1950—1991	41629.7 亿元	1611.2 亿元	3.9
美国	1980—1989	81381 亿美元	364 亿美元	0.45
日本	1989—1990	126.65 万亿日元	4.59 万亿日元	3.6

资料来源：水利部计划司、水利电力信息研究所：《国外水利投资与回收政策》，中国农业出版社，1994，第 5 页。

从上表水利投资数据可知，印度在"绿色革命"中的水利投资力度巨大，1983—1987 年度，政府水利投资占财政总支出的 10%，远远高于其他国家的比例。因此，大型水利工程项目纷纷上马。

表 2.1.22 印度较大水利工程开工和完工数

计划时期	开工项目	完工项目
"一五"计划（1951—1956）	24	1
"二五"计划（1956—1961）	47	5
"三五"计划（1961—1966）	74	14
年度计划（1966—1969）	85	15
"四五"计划（1969—1974）	118	24
"五五"计划（1974—1978）	191	28
年度计划（1978—1980）	205	29
"六五"计划（1980—1985）	246	65

资料来源：朱昌利：《印度农村经济问题》，云南大学出版社，1991，第 168 页。

从上面数据可以看出，随着印度政府对灌溉工程的重视，大型水利工程的开工与完工项目均大幅增长。开工项目从独立初的 24 个增加到 1985 年的 246 个，增加 10 倍，完工项目从 1 个增长到 65 个，增长 65 倍。

印度还鼓励投资兴建小型灌溉设施，作为对政府兴建大型灌溉设施的补充。政府从信贷、物资调配与土地审批等方面大力扶持私人企业投资兴建小型灌溉设施，1951—1978年，私人投资兴建的管井数量从3000座增长到174.4万座，到1987年为240万座。1991—1992年度，管井和小型水库提供的灌溉潜力分别占比46.5%和9%。

表2.1.23　印度较小水利工程灌溉潜力

时期	较小灌溉设施的潜力
最终潜力	5500万公顷
1950—1951年度的潜力	1290万公顷
"一五"计划	1400万公顷
"二五"计划	1470万公顷
"三五"计划	1700万公顷
年度计划（1968—1969）	1900万公顷
"四五"计划结束	2350万公顷
"五五"计划结束	2730万公顷
年度计划结束（1979—1980）	3000万公顷
"六五"计划	3750万公顷
1985—1986年度	3900万公顷

资料来源：朱昌利：《印度农村经济问题》，云南大学出版社，1991，第169页。有删减

从表中可以得知，"绿色革命"时期小型灌溉设施的潜力不断增长，从1951—1966年，从1290万公顷增加到1700万公顷，增长31.78%。而从1966—1986年底，则从1700万公顷猛增到3900万公顷，增长129.4%，距离最终潜力5500万公顷，也仅仅相差41%。这些数据充分说明了印度经过20年的发展，较为充分地挖掘了小型水利工程的潜力。

从1951—1990年的39年间，印度政府将农业灌溉作为水利投资的重点。

表2.1.24　印度水利投资结构　　　　　　（单位：亿卢比）

年份	水利投资总额	灌溉投资	灌溉投资占水利投资的比重	防洪投资	防洪投资占水利投资的比重
"一五"计划（1951—1956）	45.92	44.6	97.13	1.32	2.87
"二五"计划（1956—1961）	57.01	52.2	91.56	4.81	8.44
"三五"计划（1961—1966）	99.11	90.9	91.72	8.21	9.28

续表2.1.24

年份	水利投资总额	灌溉投资	灌溉投资占水利投资的比重	防洪投资	防洪投资占水利投资的比重
"三年"时期（1966—1969）	80.20	76.0	94.76	4.20	5.24
"四五"计划（1969—1974）	191.02	175.0	91.53	16.20	8.47
"五五"计划（1974—1978）	337.16	307.3	91.14	29.86	8.86
二年计划（1978—1980）	288.27	255.3	88.56	32.97	11.44
"六五"计划（1980—1985）	1008.44	931.8	92.40	76.67	7.60
"七五"计划（1985—1990）	1502.50	1407.8	93.70	94.7	6.30
总计	3698.40	3340.9	92.55	286.94	7.95

资料来源：水利部计划司、水利电力信息研究所：《国外水利投资与回收政策》，中国农业出版社，1994，第56页。

灌溉投资39年间（1951—1990）占水利投资的平均占比92.55%，最高时高达97.13%，最低时也达到88.56%，可见政府对灌溉投资的重视程度。而防洪投资平均占比仅7.60%，最高仅占11.44%，最低甚至为2.87%。虽然尼赫鲁政府时期就成立了中央防洪委员会，管理各邦的防洪委员会与河流委员会但防洪投资的比例仍然太低。1959年，还制定了国家防洪规划，但防洪工程还是让位于灌溉工程，未能与其配套发展，这就为后来农业持续发展留下了隐患。

印度政府还鼓励各邦利用灌溉系统发展小水电。发展小水电既可以为灌溉系统的运行提供电能，还因为需要筑坝蓄水所以在某种程度上具有防洪功能。印度南部卡纳塔克邦1902年就曾经建造过装机功率4.2千瓦的希沃德姆德拉姆水电站，是印度开发灌溉小水电的首个邦。到1970年，该邦开发的电能除满足自身需要外，还可以对外售电。该邦主要发展2.5万千瓦以下的小水电，到1992年，已经建成166个。

表2.1.25　容量为2.5万千瓦以下可开发的水电站

容量范围	站址数	预计总装机（万千瓦）
0.025万千瓦及以下	68	0.514
0.025万千瓦到0.05万千瓦	19	0.588
0.05万千瓦到0.1万千瓦	11	0.754

续表2.1.25

容量范围	站址数	预计总装机（万千瓦）
0.1万千瓦到2.5万千瓦	68	42.554
总计	166	44.41

资料来源：B.R.贾根、S.多莱雷著，周克敏译：《印度利用灌溉系统发展小水电》，《浙江水利科技》1994年第1期。

经过"绿色革命"20多年的发展，印度已经建成各类灌溉工程，包括政府灌渠、私人水渠、传统的水池、水井以及先进的管井等各类水源，灌溉面积也大幅增长。

表2.1.26　印度各种水渠灌溉的面积

分类	1970—1971年	1980—1981年	1982—1983年	1983—1984年
政府水渠	1200万公顷（38.5）	1450万公顷（37.4）	1480万公顷（37.1）	1579万公顷（37.5）
私人水渠	90万公顷（4.1）	80万公顷（2.1）	50万公顷（1.3）	50万公顷（1.2）
水池	410万公顷（13.1）	320万公顷（8.3）	310万公顷（7.8）	380万公顷（9.0）
水井和管井	1190万公顷（38.1）	1770万公顷（45.5）	1910万公顷（47.8）	1950万公顷（46.5）
其他	230万公顷（7.3）	260万公顷（6.7）	240万公顷（6.0）	240万公顷（5.7）
净灌溉面积总数	3100万公顷（100.00）	3880万公顷（100.00）	3990万公顷（100.0）	4200万公顷（100.0）

备注：括号内是各种水源灌溉面积与总灌溉面积的百分比（%）。
资料来源：朱昌利：《印度农村经济问题》，云南大学出版社，1991，第172页。

从上表可以看到，净灌溉面积总数从3100万公顷增长到4200万公顷，增长35.5%，而政府水渠与管井的灌溉面积则分别从1200万公顷增长到1579万公顷和1190万公顷到1950万公顷，分别增长31.58%和63.86%，占到总灌溉面积的37.5%与46.5%。管井的数量增长惊人，并成为灌溉系统中最重要方式，也体现了印度灌溉现代化的成就。

印度主要农作物，尤其是水稻和小麦灌溉面积以及灌溉普及率均大幅增长。

表 2.1.27　印度主要农作物灌溉面积　　　　　　　　　　（单位：百万公顷）

类别	1970—1971年	1976—1977年	1977—1978年	1978—1979年	1979—1980年	1980—1981年	1981—1982年	1982—1983年	1983—1984年	1984—1985年
稻米	14.34 (38.7)	14.77 (38.4)	16.2 (40.2)	16.86 (41.6)	16.93 (42.8)	16.34 (40.5)	17.11 (41.9)	16.06 (41.7)	17.43 (42.1)	17.68 (43.0)
小麦	9.92 (54.2)	13.59 (65.1)	13.75 (64.1)	14.87 (66.0)	15.10 (67.0)	15.52 (69.7)	15.47 (69.9)	17.05 (72.3)	17.89 (72.4)	17.50 (74.0)
玉米	0.93 (15.9)	1.06 (17.7)	0.93 (15.9)	0.95 (16.3)	1.38 (23.5)	1.20 (19.7)	1.15 (19.4)	1.22 (21.3)	0.98 (16.7)	0.98 (16.4)
谷物总计	28.09 (35.9)	34.45 (32.0)	33.70 (32.1)	35.32 (33.5)	36.15 (34.7)	35.59 (33.8)	36.21 (34.3)	36.62 (35.6)	38.49 (35.6)	38.37 (36.8)
豆类总计	2.03 (8.7)	1.77 (7.5)	1.70 (7.1)	1.89 (7.9)	1.96 (8.8)	2.02 (8.9)	2.08 (8.6)	1.83 (8.0)	1.72 (7.2)	1.75 (7.6)
粮食总计	30.12 (24.1)	34.22 (27.44)	35.40 (27.5)	37.21 (28.8)	38.11 (30.1)	37.61 (29.4)	38.29 (29.5)	38.45 (30.6)	40.21 (31.5)	40.12 (31.3)
油料	1.09 (7.4)	1.10 (7.6)	1.59 (10.4)	1.70 (10.9)	1.93 (12.5)	2.28 (14.3)	2.51 (14.5)	2.64 (16.3)	3.06 (16.7)	3.48 (18.3)
棉花	1.36 (17.4)	1.76 (24.2)	2.10 (26.2)	2.22 (27.2)	2.22 (27.4)	2.13 (27.1)	2.20 (27.4)	2.28 (29.0)	2.27 (29.4)	1.91 (25.6)

备注：括号内是每种作物面积中灌溉面积的百分比（%）。

资料来源：朱昌利：《印度农村经济问题》，云南大学出版社，1991，第 170-171 页。

从上表印度主要作物的灌溉面积及普及率数据，我们可以得知，水稻灌溉面积从 1970 年的 1434 万公顷增长到 1984—1985 年的 1768 万公顷，增长 23.3%，灌溉面积占总种植面积从 38.7% 增长到 43%。而小麦灌溉面积则从 992 万公顷增长到 1750 万公顷，增长 76.4%，灌溉面积占总种植面积从 54.2% 增长到 74%。灌溉面积以及普及率的大幅增长，给予作物生长所需的稳定水源，从而促进了印度粮食产量的大幅增长。

第二节 农业资本化

农业资本化是指运用资本的逻辑经营农业生产，包括隐性资本与显性资本，市场化的资本是隐性资本，所有权相关的资本是显性资本。而农业资本化的实质是农业资本投入的不断增加，其中金融资源是农业资本化得以实现的基本保障。印度农业资本化内容包括农村信贷、农业保险、农业补贴、农业雇佣、农业税收等方面。

一、农业信贷

农业信贷是印度农业发展计划的关键投入，是农业激发活力的重要因素。农民因为耕作和家庭消费往往需要短期借贷，而改良部分土地、购买牲畜、农机具等则往往需要中期信贷，购买土地、进行深度土地改良、偿还旧债及购买昂贵的农业机械就需要长期信贷。

英属印度时期，农业信贷的主要方式是私人之间的现金借贷。但农村私人债务大幅增长，影响了经济发展与社会稳定。1904年，英印政府颁布了合作社法，只提供现金借贷，却没有监管与资金供应机构。1912年，通过了新合作社法，信贷合作社获得迅速发展。1929—1933年的世界经济危机时期，信贷合作社遭受重创，逐渐衰落，但为印度信贷发展奠定了基础。独立后，农村合作社、农村商业银行与地区农村银行构成了印度农业信贷体系，可以为不同需求的信贷者提供服务。从农村信贷的来源看，主要分为组织信贷和非组织信贷。

表 2.2.1　耕种者从不同机构的借贷　　　　　　　　　　（单位：%）

项目		1951—1952年	1961—1962年	1971年	1981年
1. 非组织信贷	（1）高利贷者	69.7	49.2	36.1	16.1
	（2）商人	5.5	8.8	8.4	3.2
	（3）亲戚、朋友	14.2	8.8	13.1	8.7
	（4）地主和其他	3.3	14.5	10.7	8.8
	小计（1～4）	92.7	81.3	68.3	36.8
2. 组织信贷	（5）政府	3.1	15.5	7.1	3.9
	（6）合作社	3.3	2.6	22.0	29.9

续表 2.2.1

项目		1951—1952 年	1961—1962 年	1971 年	1981 年
2. 组织信贷	（7）商业银行	0.9	0.7	2.6	29.4
	小计（5～7）	7.3	18.7	31.7	63.2
总计（1+2）		100.0	100.0	100.0	100.0

资料来源：鲁达尔·达特、K.P.M. 桑达拉姆：《印度经济·下册》，雷启淮等译，四川大学出版社，1994，第 98 页。

从上表中的数据可以看出，在"绿色革命"前，农业信贷的来源主要是非组织信贷。1951—1952 年度，在信贷总额中占比高达 92.7%，其中最重要的两个来源是高利贷者和亲戚、朋友，分别占比 69.7% 与 14.2%。前者是不法者，收取极高的利息和佣金，真正落到农民手中的金额严重不足，并使农民背上沉重的债务；后者虽然不要利息或者低利息，但来源十分不确定，无法满足农民的农业资本需求。而组织信贷在 1951—1952 年占比极低，只有 7.3%，其中商业银行只有 0.9%。但随着印度农业现代化的发展，农民对信贷的需求激增，政府加大支持组织信贷的发展，合作社信贷因为利率低、附加条件少，主要提供短中期信贷。商业银行则主要提供长期信贷，满足大额信贷需求；同时，政府打击高利贷者的不法信贷行为，非组织信贷渐趋衰落，而组织信贷则获得了巨大发展。截至 1981 年，非组织信贷下降到 36.8%，其中高利贷者更是下降到 16.1%，而组织信贷增长到 63.2%。合作社与商业银行更是增长到 29.9% 和 29.4%。

这些巨大变化来源于 1969 年进行的农业金融机构改革。拉玛钱德朗认为此次改革后农业金融机构才能够成为商业金融机构，并将改革分为四个阶段：1969—1970 年为第一阶段，1980—1991 年是第二个阶段，1991—2000 年为第三阶段，2000 年至今是第四阶段。第一阶段的目标是让商业银行能够在农村地区建立起新的股权，提供新服务，建立社会发展银行，为那些从未得到信贷或者资金提供不足的农村地区提供金融服务；为特殊的农业生产活动提供信贷，为弱势群体提供信贷。第二个阶段扩大了银行业指向性的信贷，实现了农村地区每 16000 人有一个分支机构。[1]

印度信贷机构主要包括合作社信贷机构、商业银行、地区农业银行与政府金

---

[1] 拉玛钱德朗：《印度农业信贷政策的经验与教训》，《农村金融研究》2009 年第 11 期。

融部门。合作社信贷机构下辖初级农业信用社、中心合作银行、各邦合作银行和土地开发银行。商业银行分为国营和私营两种，前者包括印度联邦银行及下属机构和其他国有化银行。地区农村银行由商业银行创办，并提供初期的管理人员。政府的金融部门还包括农业中间信贷和开发公司，是印度储备银行的附属机构。

1975年，印度成立地区农业银行。地区农村银行在广大农村地区建立了自己的网络，商业银行有1万余家分支机构，基层农业信贷协会则达到了6万余家，土地发展银行也有自己的分支1000余家。1976年，印度政府发布了建立农村银行的法令，并给予地区农村银行一系列的优惠政策。1982年，印度成立国家农业和农村开发银行，主要为地区农村银行、信用合作机构及从事农村信贷的商业银行提供再融资服务。同时，印度还推出"领头银行"计划，每个地区需要两家领头银行负责本地区的信贷业务，必须对国家优先发展的行业提供信贷支持。另外，印度还对农村信贷机构进行利率补贴，规定商业银行农村信贷的差别利率，以此保证农民可以获得优惠利率信贷。

表 2.2.2　1990年9月底地区农业银行多用途贷款

用途	总额（亿卢比）
短期作物贷款	62
农业活动定期贷款	67
相关活动	56
农村手工业、乡村工业	28
零售商、自谋职业等	105
消费贷款	5
其他用途	29
间接贷款	4
总计	356

资料来源：鲁达尔·达特、K.P.M.桑达拉姆：《印度经济·下册》，雷启淮等译，四川大学出版社，1994，第131页。

印度在23个邦拥有196个地区农业银行，14500个分支机构。主要业务为短期作物贷款、定期贷款，其约90%的金额提供给贫弱部门。地区农业银行不是取代信贷合作社，而是对它们的补充。

国民银行于1982年依法建立，代替农业再筹资开发公司以及印度储备银行对合作银行与地区农业银行继续再筹资的功能。其资金来源一半来自印度政府，一半来自印度储备银行。

表 2.2.3　国民银行的多用途财政援助

项目	1990—1991 年度累计数		1991 年 3 月累计状况	
	批准规划数（个）	许诺（亿卢比）	批准规划数（个）	许诺（亿卢比）
小型灌溉	6570	53	36320	694
土地开发	100	3	2220	51
农业机械化		34	11250	250
种植园业	1090	9	9120	14
家禽、绵羊、繁殖养猪	1030	9	7530	56
渔业	310	3	3260	35
奶酪业发展	1060	16	7130	76
其他	490	85	12680	654
总计	10650	212	89510	1830

资料来源：鲁达尔·达特、K.P.M. 桑达拉姆：《印度经济·下册》，雷启淮等译，四川大学出版社，1994，第 136 页。

从上表所示，国民银行在 1990—1991 年度许诺投入 212 亿卢比用于批准的 10650 个项目，到 1991 年 3 月底就已经批准了 89510 个项目，许诺总投资 1830 亿项目。

农村信贷合作社从合作社数量及社员人数来说，都是印度农业信贷中的重要机构，主要提供中短期信贷。初级农业信贷合作社一般采取一村一个，自愿参加，社员投票选举管理委员会。1950 年，印度拥有 10.5 万个初级农业信贷合作社，到 1960 年发展到 21.8 万个。

表 2.2.4　初级农业信贷合作社发展情况（1950—1962 年）

具体情况	1950—1951 年	1955—1956 年	1960—1961 年	1961—1962 年	1965—1966 年（目标）
数量（个）	105000	160000	212000	215000	230000
覆盖村庄比例（%）	—		75	—	100
成员总数（人）	4408000	7791000	17041000	19366000	37000000
成员占农村人口比例（%）	8	15	33	34	60

续表2.2.4

具体情况	1950—1951 年	1955—1956 年	1960—1961 年	1961—1962 年	1965—1966 年（目标）
合作社平均社员数量（人）	45	49	80	90	161
存款额（百万卢比）	42.8	70.4	145.9	168	412.5
贷款总额（百万卢比）	229	496.2	2027.5	2252	5300

资料来源：Rajeshwar Dayal,*Community Development,Panchayati Raj and Sahakari Samaj*,Metropolitan Book Co.Private LTD.,Delhi,1965,p.124.

随着农村信贷需求的发展，初级农村信贷合作社进行整顿与合并，1978 年数量锐减到 12.3 万个，但人数却从 440 万人增长到 1704 万个与 4154.7 万个。同时，其股金从 1950 年的 7610 万卢比增长到 35 亿卢比，周转资金从 3725 万卢比增加到 207 亿卢比，吸收存款从 4280 万卢比增长到 12 亿卢比，发放贷款从 2.3 亿卢比增加到 115.3 亿卢比。[①]

中心合作银行也是基层信贷机构，是设立在县一级的中间信贷合作组织。其成员都是初级信贷合作社与其他初级合作社，主要是给会员合作社提供信贷资金，自身的资金来源于成员与邦政府认缴的股金、公众存款与邦合作银行的贷款。1950 年，中心合作银行 505 家，1978 年整顿合并后为 338 家，但股金从 4040 万卢比增长到 31.4 亿卢比，发放贷款从 8.28 亿卢比增加到 240.7 亿卢比。邦合作银行也是初级信贷机构，其成员是各邦内的中心合作银行，资金来源是自己的股份与印度储备银行资助的贷款。1950 年，邦合作银行有 15 家；1978 年，增加到 26 家，股金从 1580 万卢比增加到 7.9 亿卢比，发放贷款从 4.2 亿卢比增长到 223.7 亿卢比。

农业信贷机构还对印度欠发达地区与农村弱势群体进行金融支持。1969—1981 年，给农业提供贷款从 16.2 亿卢比增加到 406 亿卢比，其中大部分金额支持欠发达地区。另外，地区农业银行从成立的 1975—1983 年，共计提供 62.4 亿卢比短期贷款，其中边际农、小农与小手工业者获得 55.2 亿卢比，占比 91%。

二、农业补贴

对农业的补贴政策在当今世界是普遍现象，包括发展中国家与发达国家。美

---

① 孙士海：《印度农业合作社的发展、作用与问题》，《南亚研究》1988 年第 1 期。

国的农业补贴已经有近 80 年时间，其特点是农业补贴法律化及农业补贴额度庞大。而日本因为自然资源贫乏，耕地面积狭小，农业基础薄弱，对农业的保护更是不遗余力。日本坚持以稳定的财政方式对农业进行补贴，内容多样，既有对农田水利基础设施的补贴，也有农业贷款率补贴以及农产品价格补贴，尤其是对山区农田的补贴。印度经过漫长的殖民统治，农业基础被破坏殆尽，同时农业又是印度重要的生产部门，因此必须对农业投入大量补贴，从而形成了独具特色的多样化补贴方式。印度政府对农产品进行定价收购，保证农民能够获得稳定收益。印度农业具体的补贴措施包括：坚持粮食最低价格保护；尽可能利用 WTO《农业协定》中的农业补贴协议以及利用绿箱规则。

表 2.2.5　美国、日本和印度的农业补贴政策对比

国家	补贴特点	法律手段	补贴总额度	个人补贴	财政支持	补贴种类	补贴政策支持
美国	营销援助贷款、贷款差价支付、规定价格补贴，反周期补贴，农产品贸易补贴	《农业援助法案》《2002 年农业安全与农村投资法案》、WTO《农业协定》	每年约 190 亿美元，占农牧渔业生产总值的 50%	可以预先支取不超过 50% 的差额补贴	2000 年农业投入占到政府预算的 5%，通过工业产值反哺农业	支持的措施有 10 个：商品计划（对产品的补贴）、生态保护、贸易（食品消费补贴）、信贷、农村发展、研究、森林、能源、杂项	农业税收政策
日本	高额的农业补贴	《特定农山村法》、WTO《农业协定》《农业改良资金补助法》《农业现代化资金补助法》	每年约 500 亿美元，占农牧渔业生产总值的 76.7%	山区补贴每农户每年最高 100 万日元、生产资料补贴 75%～87.5%	2000 年农业的补贴达到国内生产总值的 1.4%，通过高附加产值的产品、发展农业	农田水利基础设施建设、农业现代化设施、农业贷款利息、农产品价格、农业保险	由价格支持转变为收入支持

续表2.2.5

国家	补贴特点	法律手段	补贴总额度	个人补贴	财政支持	补贴种类	补贴政策支持
印度	通过补贴控制生产成本	WTO《农业协定》	2007—2008年每月120亿美元，占农牧渔业生产总值的70.58%	对农产品的补贴额度为7.5%，生产者获得的补贴收入约10000卢比	每年通过政府预算，加大对农业补贴	开垦荒地、生产资料的购买、科学种植方法的推广、稳定农产品价格	长期使用农产品最低保护价政策

资料来源：张秀倩、刘海彬：《美国、日本、印度的农业补贴政策比较》，《世界农业》2012年第11期。

印度政府一直坚持农产品价格支持政策。1965年1月，印度成立了农产品价格委员会，主要职责是调查研究农作物的生产成本，并提出合理的农产品收购价格建议。印度"绿色革命"20年来，印度政府前后宣布最低支持和收购价格的农产品共计15种。

表2.2.6　农产品最低支持／收购价格　　　（单位：卢比/公担）

类别	收购价格	1976—1977年	1977—1978年	1978—1979年	1979—1980年	1980—1981年	1981—1982年	1982—1983年	1983—1984年	1984—1985年
小麦	收购价格	105	110	112.5	115	117	130	142	151	152
稻谷	收购价格	74	77	85	85	106	115	122	132	137
粗粮	收购价格	74	74	85	95	105	116	118	124	130
大麦	最低支持价格	65	65	67	—	105	116	—	122	124
三角小豆	最低支持价格	90	95	125	140	145	—	—	235	240
绿豆	最低支持价格	—	—	155	165	190	—	215	245	275
菜豆	最低支持价格	—	—	165	175	200	—	240	250	275
蚕豆	最低支持价格	—	—	—	175	200	—	230	245	275
芥子	最低支持价格	—	—	225	245	—	—	—	355	360

续表2.2.6

类别	收购价格	1976—1977年	1977—1978年	1978—1979年	1979—1980年	1980—1981年	1981—1982年	1982—1983年	1983—1984年	1984—1985年
花生	最低支持价格	140	160	175	190	206	270	295	315	340
葵花子	最低支持价格	150	165	175	175	183	250	250	275	325
大豆	最低支持价格	—	145	175	175	183	210	220	230	240
棉花	最低支持价格	—	255	255	275	304	—	380	400	410
甘蔗	法定最低支持价格	8.5	8.5	10.0	12.5	13.0	13.0	13.0	13.50	14.0
黄麻	法定最低支持价格	136	141	150	155	160	175	175	185	195

备注："—"指未公布。

资料来源：Goverment of Indian,*Economic Overview,1981-1982*,p.41.

从表中1976—1977年度到1984—1985年度的数据可知，不同农作物最低支持价格在持续提高。小麦和稻谷等粮食作物的最低收购价格，分别从105卢比/公担与74卢比/公担，提高到152卢比/公担与137卢比/公担，增长44.76%和85.13%。而棉花和甘蔗等经济作物的最低价格也分别从255卢比/公担（1977—1978年度）提高到410卢比/公担，8.5卢比/公担到14卢比/公担，增长60.75%和64.70%。

印度政府在推广农业机械化时也大力采用补贴政策，以弥补农户在农机购置方面的资金短缺，满足农户需求，优化农业机械结构。

表2.2.7 印度农机购置补贴的标准

机械类型	补贴标准
拖拉机（29千瓦及以下）	25%，上限45000卢比
动力耕耘机	40%，5.9千瓦以上的补贴上限45000卢比，丘陵地区使用的5.9千瓦以下的补贴上限25000卢比
自走式收割机、水稻插秧机和其他类似的自走式机械	25%，上限40000卢比

续表 2.2.7

机械类型		补贴标准
专用电源驱动的设备，如马铃薯播种机、马铃薯挖掘机、花生挖掘机、烘干机、移动水果收获机、电动除草机、小型碾米机等		25%，上限 15000 卢比
专用电源驱动的设备，如甘蔗收割机、旋耕机、秸秆收割机、蔬菜播种机等		40%，上限 20000 卢比
人力工具设备		25%，上限 2000 卢比
畜力工具设备		25%，上限 2500 卢比
柴油／电动水泵（5 千瓦以下）		25%，上限 10000 卢比
联合收割机		25%，上限 150000 卢比
电动脱粒机		25%，上限 12000 卢比
拖拉机配套设备		25%，上限 10000 卢比
植物保护设备	手工设备	25%，上限 800 卢比
	动力设备	25%，上限 2000 卢比
	拖拉机套件	25%，上限 4000 卢比
	航空喷洒设备	25%，上限 25000 卢比

资料来源：Ministry of Agriculture Department of Agriculture & Cooperation,2008.

从印度农机购置补贴数据表中可以得知，农机购置补贴覆盖面非常广泛，包括燃料驱动、电力驱动、人力驱动、畜力驱动、自走式以及配套设备，甚至包括植保设备。补贴标准最低，即绝大部分都是 25%，就是购置价的四分之一；最高40%，也就是五分之二，这些标准可谓较高的，可以帮助那些有意愿却没有经济实力购置农机的农民实现自己的农机梦想。

"绿色革命"以来，印度政府对农业补贴的力度不断加大，不仅补贴额度持续增加，而且补贴的内容愈发丰富。包括粮食补贴、化肥补贴、农机补贴与出口补贴。

表 2.2.8　印度政府补贴费用的增长　　　　（单位：千万卢比）

年度	粮食补贴	化肥补贴	出口补贴	合计
1970—1971	18		41	59
1971—1972	50		54	104
1972—1973	117		78	195

续表2.2.8

年度	粮食补贴	化肥补贴	出口补贴	合计
1973—1974	251		77	328
1974—1975	295		88	380
1975—1976	250		161	411
1976—1977	506	60	289	855
1977—1978	480	266	347	1093
1978—1979	570	343	420	1333
1979—1980	600	644	379	1623
1980—1981	650	466	425	1541
1981—1982	700	386	509	1595
1982—1983	700	648	542	1900

资料来源：*Indian Economic Times*,March 2,1984. 有删减

从上表的数据可知，从1970—1971年度到1982—1983年度，政府补贴总额从5.9亿卢比增加到190亿卢比，增长32.2倍。而粮食补贴、化肥补贴与出口补贴总额分别从1.8亿卢比、6亿卢比（1976—1977年度）与4.1亿卢比增加到70亿卢比、64.8亿卢比和54.2亿卢比，分别增长38.9倍、10.8倍与13.2倍。

三、农业保险

印度因为遭受季风气候导致洪涝与干旱的影响，农业生产经常面临巨大的自然风险，农民仅仅依靠自己的力量无法承受，大多时候需要政府扶助方可消减风险。从1951—2003年的宏观数据可知，农业在国内生产总值中的占比持续减少，自然灾害，尤其是干旱在此期间导致国内生产总值减少2%～5%。

表2.2.9　印度各月主要农业灾害情况

月份	5	6	7	8	9	10	11	12	1	2	3	4
季节	热季	热雨交际	雨季	雨季	雨季	雨凉交际	凉季	凉季	凉季	凉季	凉热交际	热季
旱涝	有	有	有	有	有	有	有	有				
台风	有	有	有		有	有	有	有	有			
冰雹	有									有	有	有

续表 2.2.9

月份	5	6	7	8	9	10	11	12	1	2	3	4
极端气温	高温热害						低温冻害	低温冻害	低温冻害	低温冻害	低温冻害	高温热害

资料来源：王野田、李琼、单言等：《印度农业再保险体系运行模式及其启示》，《保险研究》2019 年第 1 期。

所以，印度独立后很快就着手保险相关立法。1956 年，印度通过首部人寿保险公司法案，成立印度人寿保险公司。1972 年，印度通过保险经营法，同时实施保险公司国有化，合并形成 4 家全印保险公司：全印保险公司、新印度保险公司、东方保险公司与印度联合保险公司。但是没有专门的农业保险公司，只有印度联合保险公司开展农业保险业务。

独立后，印度政府就于 1947—1948 年进行农业保险的专门研究，在全国范围内实施农作物与牛保险。起初，印度政府关注的焦点是选择个体作物保险或是大面积保险。最终的研究赞成大面积保险，但被各邦否决。1965 年，印度政府提出了作物保险法案，规定中央政府对各邦政府的保险赔偿责任提供再保险，仍然被各邦否决。这是印度农业保险的实验阶段。

1970 年，一个由当时的农产品价格委员会主席主导的专家委员会再次详细研究了该法案。1972—1973 年度，印度人寿保险公司综合保险部提出一项关于 H-4 棉花的作物保险计划，这是印度历史上首个长期个体作物保险计划。1972 年底，综合保险业务国有化，同时成立印度综合保险公司，继续实施关于 H-4 棉花的作物保险计划，并推广到古吉拉特邦、马哈拉施特拉邦、卡纳塔克邦、安德拉邦及西孟加拉邦。该计划一直进行到 1978—1979 年度，但并不成功，参与农民仅 3000 多名，保费只有 0.454 亿卢比，保险赔付 3.788 亿卢比。

1979 年，印度政府启动一项作物保险实验项目，仅限于贷款的农民自愿为前提。印度综合保险公司与各邦政府各自分担风险金额比例为 2：1，保险最大额度为作物贷款的 100%，后增长到 150%，并对边际农与小农等参与成员提供保费的 50% 补贴。此计划后在全印 13 个邦实施直到 1984—1985 年度，发展成员 62.7 万人，保费 19.695 亿卢比，保险赔付 15.705 亿卢比。1985 年，印度各邦政府积极参与，印度中央政府开始强制综合作物保险计划，并与农作物短期贷款联系起来，在同质地区的大面积保险方案之上实施，主要针对干旱与洪涝灾害。

从金融机构获得农业贷款的农民必须参与,保险额度限定在贷款额的100%内,每个农民不超过1万卢比,并对参与农户的边际农和小农给予50%的保费补贴。到1999年,该计划大获成功。参保农民达到7600多万人,承保面积12000多万公顷,保险总额达到2500多亿卢比,保费40多亿卢比,赔付总额230多亿卢比。这是印度农业保险的探索实践阶段。由此,我们可以看出印度农业保险体系的特点。首先,规定参保人的范围。只有贷款的保险者才有资格参加农业保险,并且具有强制性。其次,限制保险标的,包括粮食作物与经济作物,主要有小麦、水稻、玉米、豆类及油料作物。再次,规定承保风险种类、保费和赔偿额度。最后,制定法定存款准备金,各邦政府保险基金会必须保留法定存款准备金。

表 2.2.10　全国作物保险计划的范围

季节	农民数量(万)	包括面积(万公顷)	保险额(亿卢比)	保险费(万卢比)
1988 年大春	300	520	54.8	8800
1988—1989 年度小春	90	100	16.4	3100
1989 年大春	420	660	87.4	14500
1989—1990 年度小春	70	100	15.2	2800

资料来源:鲁达尔·达特、K.P.M.桑达拉姆:《印度经济·下册》,雷启淮等译,四川大学出版社,1994,第139页。

仅以1988—1990年度4个春耕期为例,农民参与总数为880万,承保面积1380万公顷,保险总额为173.8亿卢比,保险费2.92亿卢比,保障了农民的春耕生产。

表 2.2.11　印度农业保险计划和产品特征

政府保险计划——市场远行者:印度农业保险公司			市场金融信贷主体	
计划种类	全国农业保险计划	综合风险保险	天气指数农业保险	嵌入式天气指数农业保险
特点	法律强制	非强制、政府支持	市场化、自愿参保	市场化、自愿参保
	指定作物风险	13 个邦的 13 个地区,小麦、水稻	涵盖 12 万多农户	天气高度相关的作物与地区

续表 2.2.11

	政府保险计划——市场远行者：印度农业保险公司		市场金融信贷主体	
特点	贷款农户	所有农户：信贷与非信贷	除贷款农户外的所有农户	信贷农户与非信贷农户
承保风险产品属性	天气灾害的产量损失	天气价格风险导致的收入损失	各类天气指数相关的产量损失	天气相关产量损失，作为农贷合同内容
	传统实际产量损失险，承保单位正常与实际产量差额	传统实际产量损失险；风险范围扩大	指数型、标准化、金融证券属性强的合同	
财政支持	两级财政补贴：中小农户保费补贴75%；其余25%，政府兜底			

资料来源：曹雪琴：《农业保险产品创新和天气指数保险的应用——印度实践评析与借鉴》，《上海保险》2008 年第 8 期。有删减。

印度的农业保险逐渐成熟，从政府指令、强制参保到市场化、自愿参保，参保范围从贷款农户扩大到所有农户，从指定作物风险到与天气灾害相关的作物。新的农业保险险种不断出现，针对性强，标准化服务，为印度农业生产保驾护航。

四、农业税收

印度农业经济是国民经济的重要部门，1990 年初，农业收入仍然占到国民收入的 35% 左右，70% 的劳动者以从事农业生产为生。因此，印度学者主张对农业课税，可以为国民经济积累资金，同时能够促进印度农业的商品化、市场化。

印度的农业税包括直接税与间接税，前者主要由土地税、土地附加税与农业所得税构成。后者主要由资本交易税与农业收入税组成。土地税由各邦政府征收，征收额从 1951—1952 年度的 5.2 亿卢比增加到 1989—1990 年度的 63 亿卢比，增长了 12 倍，年均增长率为 7%。但从占国家总税收的 17% 下降到 1.9%，下降幅度高达 90%，已经退化成一种纯粹的面积税。

表 2.2.12　农业直接税

年度	土地税（亿卢比）	农业所得税（亿卢比）	总农业直接税（亿卢比）	农业税占国家税收百分比
1950—1951	4.8	0.4	5.2	18.6
1970—1971	11.3	1.0	12.3	5.4
1989—1990	63.0	8.0	71.0	1.9

资料来源：鲁达尔·达特、K.P.M.桑达拉姆：《印度经济·下册》，雷启淮等译，四川大学出版社，1994，第 192 页。

　　资本交易税主要包括印花税与注册费，是指土地及其上的房屋建筑的过户税。1989—1990 年度，印度各邦征收的资本交易税总额高达 155 亿卢比，比土地税的 63 亿多出高达 219.6%。农业所得税最早于 1938 年在比哈尔邦开始征收，后扩大到全印度。农业所得税税率均低于城市所得税税率，所以在印度总税收中占比极低。1951—1952 年度仅征收 4000 万卢比，占比 1.01%，到 1989—1990 年度增长到 8 亿卢比，但占比下降到 0.20%。由此可以看出，印度农业税负担并不重，尤其是与非农业部门税收相比。

表 2.2.13　农业和非农业部门在一些年份税收总负担　　　　（单位：亿卢比）

年度	农业部门	非农业部门
1951—1952	20.0	45.0
1960—1961	40.0	99.0
1968—1969	91.0	270.0

资料来源：鲁达尔·达特、K.P.M.桑达拉姆：《印度经济·下册》，雷启淮等译，四川大学出版社，1994，第 193 页。

　　1951—1952 年度，农业税征收 20 亿卢比，到 1968—1969 年度增加到 91 亿卢比，增长 355%。而非农业税 1951—1952 年度征收 45 亿卢比，到 1968—1969 年度增加到 270 亿卢比，增长 500%。具体来说，1958—1959 年度人均农业税 14.52 卢比，占人均收入的 6.8%，而同期的非农业税人均 46 亿卢比，占人均收入的 9.2%。1963—1964 年度印度调查数据表明，城市每户每月缴纳直接税 5.8 卢比，而农村每户每月缴纳直接税 2 卢比，只有城市的 34.5%。

表2.2.14　农业和非农业部门的平均税率

年度	农业部门		非农业部门	
	人均税收（卢比）	每人收入税率（%）	人均税收（卢比）	每人收入税率（%）
1951—1952	8.0	3.8	41.8	9.5
1960—1961	13.4	5.6	68.9	13.0
1968—1969	26.0	6.5	174.0	19.1

资料来源：鲁达尔·达特、K.P.M.桑达拉姆：《印度经济·下册》，雷启淮等译，四川大学出版社，1994，第194页。

1951—1952年度，农业部门人均税收为8卢比，每人收入税为3.8%。到1968—1969年度，分别增加到26卢比与6.5%，增长225%与2.6%。而非农业部门的人均税收、每人收入税则分别从41.8卢比与9.5%增加到174卢比与19.1%，增长316%和9.6%，明显高于农业部门。

由前可知，印度农业税结构不合理，没有弹性，不仅不能为农业经济发展积累资金，还加剧了农村的两极分化。随着经济发展，印度各邦的税收跟随收入增长而增加，但农业税却远远低于收入增长，这就优惠了农村中的地主和富农。因此，1972年，印度农业财富与农业收入税收委员会建议征收农业持有土地税、农业收入与非农业收入部分综合所得税、综合农业财产税、综合农业资产卖出所得税及累进农业所得税。

五、农业雇佣

英属印度时期，英国为了殖民掠夺的需要，培植了一个庞大的土地保税人阶级——柴明达尔，导致大量农民失去土地，沦为农业雇工。据统计，1881年，印度农业雇工仅有750万人，截至1937年激增到2200万人。独立后，农业雇工数量仍然持续增长，1951年为2800万人，1961年达到3200万人，1971年则为4750万人，占全印劳动力总数的26.3%，如果算上家属更是多达1.515亿人，占比34.5%。[1] 这个庞大的雇工群体主要分为临时工、长期工和债务农。

"绿色革命"开始后，随着印度农业资本主义的发展以及农业科技的推广，印

---

[1]《不平等的发展——经济随波逐流的二十五年》，载《联系》周刊，1972年8月15日。

度农业雇工的人数也迅速增长。1961 年，农业雇工人数为 3152 万人，到 1971 年，农业雇工人数增加到 4759 万人，增长 50%。同时，耕作者在全印劳动力总数的占比从 52.8% 下降到 43.36%，而同期的农业雇工占比从 16.71% 增长到 26.31%。出现这个现象的原因主要是印度政府在信贷方面对农业投入给予补贴，导致经营土地变得有利可图，地主将出租土地收回自己经营，大批佃农转变成雇工。另外，农业科技的推广促使地主和富农大批雇工，以此扩大自己的农业收入。

以旁遮普邦为例，采用新技术和收入增长导致了对农业劳动者的更多需求，反过来，他们获得了更多的就业机会和更高的工资，并因此从绿色革命中受益。此外，在农业部门，劳动者是农村人口的重要组成部分。自 1981 年以来，他们的人数不断增加。关农职业是经济各部门应对失业的减震器。根据 1981 年的人口普查，1961—1971 年，农业劳动者人数的增长率远高于旁遮普邦总人口的相应增长。

表 2.2.15 旁遮普邦的耕种者和农业雇工数量

年份	耕种者	农业雇工	耕种者中农业雇工的百分比
1961	1602666	334610	20.88
1971	1665157	786705	47.24
1981	1767286	1092225	61.80

资料来源：*Statistical Abstracts of Punjab*,1982.

1961—1981 年的 20 年间，旁遮普邦的耕种者从 1602666 人增加到 1767286 人，仅增长 10.27%，而农业雇工则从 334610 人增加到 1092225 人，猛增 226.42%。农业雇工在耕种者中的占比从 20.88% 增加到 61.80%，远远多于耕种者人数。农业雇工成为农业经济发展中的主力。同时，"绿色革命"中，雇主与雇工的关系也发生了一些变化。

表 2.2.16 雇主与雇工的关系变化

序号	改变	频率	比例
1	与农场主的良好关系	253	93.7
2	农场主提供交通设备	245	91.5
3	农场主参加农民的社会仪式	218	80.7

续表2.2.16

序号	改变	频率	比例
4	农场主比之前给予更多设备	185	68.1
5	农场主与农民共餐	152	56.3
6	农民或多或少固定时间工作	123	46.6
7	农民确定自己的工资	76	28.1
8	农场主对良好工作给予奖励	41	15.2

资料来源：B.S.Hansra and A.N.shukla,*Social,Economic and Political Implications of Green Revolution in India*,Classical Publishing Company,New Delhi,1991,p.83.

1951—1951年度，印度一个农业雇工的家庭平均收入为447卢比，到1955—1956年度下降到437卢比，1963—1964年度增加到600卢比，"绿色革命"中的1971年明显增加到1671卢比，但仍然明显低于印度其他部门。1948年，印度颁布了最低工资法，强制将该法扩大到所有农业雇工，但该法因为争议较大而沦为一纸空文。印度国家劳动委员会认为，在1956—1963年间，农业雇工的收入比工业雇工的收入增长更快。1975年，印度政府提出了20点纲领，整顿农村债务，废除契约劳动，要求检查农业雇工的最低工资法，并适当提高最低工资。1981年，在全印的劳动部长会议上提议，最低工资不能低于贫困线，并与消费价格指数相联系以及继续修正最低工资法。1988年，劳动部年度报告中再次对农业雇工最低工资做出规定，由各邦自行制定细则，但没有保证对最低工资的支付。由此，1978—1979年到1987—1988年间，政府共花费294亿卢比解放了238867个债务农。

经过"绿色革命"20多年的发展，随着农业信贷、农业保险、农业补贴、农业税收及农业雇佣的实施，印度农业资本化初具规模，农业总资本基本形成。

表2.2.17　农业总资本形成
（单位：亿卢比 按1980/1981年度价格计算）

年度	合计	公共部门	私人部门	构成（%）	
				公共部门	私人部门
1960—1961	1668	589	1079	35.3	64.7
1970—1971	2758	780	1969	28.6	71.4
1980—1981	4636	1796	2840	38.7	61.3
1990—1991	4594	1154	3440	25.1	74.9

年度	合计	公共部门	私人部门	构成（%）	
				公共部门	私人部门
1998—1999	16457	3876	12581	23.6	76.4

资料来源：Swamy Subramanian,India's Economic Performance and Reforms:A Perspective for the New Millennium,Konark Publishers PVT LTD,Delhi,2000,p.88.

1960—1961年度到1998—1999年度，农业总资本从1668亿卢比增加到16457亿卢比，增长9.87倍，农业公共部门与私人部门的资本分别从589亿卢比与1079亿卢比增加到3876亿卢比与12581亿卢比，增长6.58倍和11.66倍。农业私人部门资本的增长远远高于公共部门。农业公共部门资本在农业总资本中资本从35.3%下降到23.6%，而私人部门则从64.7%增长到76.4%。

第三节　农业产业化

农业产业化是指在市场经济的前提下，农业发展经营以市场为导向，以经济效益为核心，依照"市场＋农业中介＋农户"的模式，以核心产业、产品为着力点，优化各类生产要素，通过在农业生产中的产前、产中及产后各个环节的有机联系，实行区域化布局、专业化生产、规模化建设、系统化加工、社会化服务以及企业化管理，逐步形成种养加、产供销、农工贸一体化农业经营体系，其主要特征就是农业的商品化、市场化与多元化。传统的印度农业重要经营方式就是耕种，并且种植的作物种类单一，主要是粮食作物。同时，传统的农业经营粗放生产，没有农业科技的加持，生产力低下，作物产量大多仅能维持自身基本生活，没有多余的农产品可以在市场出售。因此，印度的农业商品化、多元化程度较低。

一、农业商品化

农产品的商品化也意味着剩余农产品可以被迅速转换成货币财富，从而能够为扩大农业再生产、增加家庭消费及提升自身素质提供物质基础。

印度农业商品化发展于英属印度时期，但不是自身农业资本主义正常发展的产物，而是殖民地商品市场的畸形产物，是英国将印度变成本国生产的工业品的销售市场、原料产地与投资场所。殖民印度伊始，英国殖民者为获取巨大的殖民利益，强制印度农民种植甘蔗、靛蓝、罂粟、咖啡、棉花、亚麻等经济作物。英国资本持续输入印度，陆续开办殖民工业。为了满足本国与印度的工业原料的需求，以棉花、黄麻、烟草、甘蔗和花生等经济作物为中心的农业商品化生产迅速发展起来。以棉花的种植与出口为例，1850 年，棉花成为印度最大的出口农产品。印度棉花在英国棉花的进口总额中占比从 1860 年的 12.25% 增长到 1868 年的 41.69%，种植面积从 1860—1861 年度的 1002196 公顷增长到 1864—1865 年度的 2171888 公顷，进而增长到 1883—1884 年度的 1400 万公顷，到 1928—1929 年甚至一度达到 2700 万公顷。[①] 棉花的大面积种植不仅满足了英国本土及印度的纺织工业的原料需求，还进行了大量出口。

表 2.2.18　1958—1900 年印度棉花出口价值

年份	棉花出口价值（英镑）	年份	棉花出口价值（英镑）
1858	4300000	1879	7914091
1859	4094100	1880	11145453
1860	5637624	1882	14941423
1861	7342168	1883	16055758
1862	10203470	1884	14401902
1863	18779040	1885	13295124
1864	35864795	1886	10782021
1865	37587389	1887	16475962
1866	35587389	1888	14413544
1867	16458389	1889	15045679
1868	20092570	1890	18671329
1869	20149825	1891	16533943
1870	19079138	1892	10763559
1871	19460899	1893	12743883
1872	21272430	1894	13310769
1873	14022858	1895	8708233
1874	13212241	1896	14090866

---

① 黄思骏：《英国殖民统治时期印度农业的商品化》，《历史研究》1995 年第 3 期。

续表2.2.18

年份	棉花出口价值（英镑）	年份	棉花出口价值（英镑）
1875	15257342	1897	12971960
1876	13280959	1898	8872457
1877	11746184	1899	11190128
1878	9387354	1900	9925080

资料来源：罗梅什·杜特：《英属印度经济史》下册，三联书店，1965，287页。

从1858—1900年印度棉花出口总额数据中可以看出，从1858年的4300000英镑增加到1900年的9925080英镑，增长130.8%。1863—1966年间出口总额激增，最高为1865年的37587398英镑，更是猛增77倍多，其后逐渐增减交替到慢慢减少。这是因为1861—1865年，美国内战导致美国棉花出口锐减，迫使英国增加印度棉花生产和出口来弥补。1892—1900年间，印度棉花出口逐渐减少是因为英国纺织工业的衰落，对棉花的需求大幅缩减。正因如此，更加说明英属印度时期农业商品化虽然获得了巨大发展，但这种商品化的发展与印度农业资本主义生产关系的发展并不同步，而是附属于宗主国的经济需要，带有殖民地的畸形特点。但英属印度时期的农业商品化的发展导致了印度农村的土地迁移与阶级分化，还是为后来印度农业商品化的发展奠定了基础。

1. 农产品销售

农产品数量的生产量提高，超过农户家庭的需求，才有剩余农产品出售，实现农业商品化。同时，农业商品化的深化能够让剩余的农产品变成货币财富，促进农户提高农业生产率，增加剩余农产品数量，提升农业商品化。简单来说，"绿色革命"开始后的20多年来，印度粮食产量大幅增加，粮食剩余也相应大量增长，粮食库存量在印度历史上是绝无仅有的。

独立后，印度政府采取各种措施改善农产品销售环境。1954年，全印农村信贷调查委员会提议建立一个全印仓库发展计划，在所有城镇及曼地（临近城镇的大市场）的仓库网络基础上建立了全印仓库公司，并从财政与技术上给予支持。1956年，印度政府接受建议，成立了国家合作发展与仓库委员会。1957年，建立了中央仓库公司。随之，各邦仓库公司纷纷成立。1964年，成立印度粮食公司。于是，在印度国营部门中有印度粮食公司、中央仓库公司与国家仓库公司，分别经营粮食仓储、农产品与化肥。1984—1985 年度，这三家国营公司拥有近 2700 万吨的仓储能力，而 1960—1961 年度还只有不到 10 万吨。1988—1989 年度，中央仓库公司管理 456 个仓库，总仓储能力 640 万吨。国家仓库公司管理仓库 1300 个，储藏能力 850 万吨。

表 2.2.19　印度国营与合作系统仓库容量表　　　（单位：10 万吨）

单位	1973—1974 年	1977—1978 年	占比 %
印度粮食公司	51.5	64.6	50.3
中央仓库公司	11.6	15.9	
邦出口公司	6	16.6	20.6
各邦政府	18.0	18.0	
合作社系统	32.0	45.0	28.1
总计	119.1	160.1	100.0

资料来源：益德：《印度农产品的销售》，《南亚研究季刊》1990 年第 4 期。

从上表印度粮食库存数据可以看出，印度国营与合作系统粮食库存在 1973—1974 年度就有 1191 万吨，到 1977—1978 年度又增长到 1601 万吨。这与"绿色革命"前印度粮食极度短缺，需要大量进口粮食形成鲜明对比，更是与英属印度农业商品化中，仅存在为英国工业服务的部分经济作物有着云泥之别。高达 1600 多万吨的粮食库存中有相当比重可以拿到市场上出售，变成商品粮。

表 2.2.20　印度粮食公司成立前后中央政府粮食收购情况表　　　（单位：千吨）

年份	收购量	收购量与生产量占比（%）	中央政府收购量	中央收购量与生产量占比（%）
公司成立前				
1958	526	0.9	288	0.5
1959	1806	1.6	905	1.3
1960	1257	1.9	514	0.8
1961	541	0.8	305	0.4
1962	479	0.7	296	0.4
1963	750	1.1	545	0.8
1964	1430	2.0	741	1.0
公司成立后				
1965	4030	5.1	1678	2.1

续表 2.2.20

年份	收购量	收购量与生产量占比（%）	中央政府收购量	中央收购量与生产量占比（%）
1966	4009	6.3	730	1.1
1967	4462	6.9	1001	1.5
1968	6805	8.4	3230	4.0
1969	7381	7.7	3635	4.4
1970	6714	7.7	4533	5.2
1971	8857	9.3	7366	8.7
1972	7665	8.3	6541	7.1
1973	8428	9.9	6205	7.3
1974	8152	9.1	5336	5.9
1975	13261	12.3	9310	8.6
1976	9832	9.8	7114	7.1
1977	10341	8.2	8395	6.7

资料来源：益德：《印度农产品的销售》，《南亚研究季刊》1990 年第 4 期。

印度粮食公司的成立恰逢其时，成立次年收购粮食 403 万吨，而上年则只有 143 万吨。"绿色革命"后，粮食收购数量不断增加，到 1977 年，达到 1034.1 万吨，比 1965 年增长 156.6%，收购量与生产量占比从 5.1% 增长到 8.2%，最高曾达 12.3%。而中央收购量也从 167.8 万吨增加到 839.5 万吨，增长 400.3%，收购量与生产量占比从 2.1% 增长到 6.7%，最高达 8.7%。

1951 年，印度存在 200 多个规范市场，到"二五"计划结束时的 1961 年，规范市场增加到 1000 多个，1988 年，全印规范农业市场超过 6000 多个。各邦政府、各级司法部门、商人与农民的各自代表组成市场委员会，规定市场费用，审理诉讼及发放许可证。

表 2.2.21　印度农村法定市场分布及增长情况

地区	1931—1940 年	1941—1950 年	1951—1960 年	1961—1966 年	1970 年	1974 年	1985 年
安德拉邦	16	48	86	116	266	341	
阿萨姆邦	—	—	—	—	223	246	

续表 2.2.21

地区	1931—1940 年	1941—1950 年	1951—1960 年	1961—1966 年	1970 年	1974 年	1985 年
比哈尔邦	—	—	—	45	349	426	
古吉拉特邦	—	—	—	—	267	315	
哈里亚纳邦	—	—	—	—	140	156	
喜马偕尔邦	—	—	—	—	—	—	
卡纳塔克邦	8		31	72	185	216	
喀拉拉邦		1	4	67	85		
中央邦	—		5	86	295	346	
马哈拉施特拉邦	97		188	280	288	335	
德里				3			
果阿邦、第乌和达曼							
奥里萨邦	—	—	15	22	81	107	
旁遮普邦	—	137	132	136	132	142	
拉贾斯坦邦	—	—	—	47	146	169	
泰米尔纳德邦	14	22	37	81	238	260	
特里普拉邦	—	—	—	1			
北方邦	—	—	—	1	514	587	
西孟加拉邦	NA	NA	NA		161	193	
昌迪加尔邦							
中央辖区	—	—	—	—	5	12	
全印度	135	432	715	1012	3357	3936	5600

备注：NA 代表无资料。

资料来源：益德：《印度农产品的销售》，《南亚研究季刊》1990 年第 3 期。

从印度农村法定市场的分布及增长情况数据表可知，全印农村法定市场从 1931 年的英属印度时期的 125 个增加到 1985 年的 5600 个，增长 41.48 倍。"绿色革命"开始的 1966 年只有 1012 个，而到 1985 年则有 5600 个，增长 5.53 倍。从各邦已有的数据来看，也都有大幅增长。

1954 年之前，区别于信贷合作社的独立销售合作社已经建立。此后，多功能合作社给予农民贷款并帮助他们销售剩余农产品。在印度政府与印度储备银行的大力激励下，马哈拉施特拉邦、泰米尔纳德邦、安德拉邦、比哈尔邦与北方邦等各邦的销售合作社获得了巨大发展。马哈拉施特拉邦与古吉拉特邦的棉花销售合作社，北方邦和比哈尔邦的蔗糖销售合作社都为自己的社员提供了相当的便利，不仅销售他们的农产品，还供应高产良种与化肥农药。"根据全印农村信贷调查委员会的建议，力图使销售合作社和信贷合作社相联系，在'四五'计划前夕，大约 66% 的初级农业信贷已经同销售合作社相联系。结果，信贷平衡的 34% 来源于销售合作社。"[①]1987—1988 年度，由 5920 多个初级销售合作社构成的合作销售结构网络已经形成，其中 3300 个是特殊产品销售合作社。在县一级，还有 157 个中心销售合作社。在邦一级，有 29 个邦级合作销售联社，16 个特殊产品销售联社。在全印，有国家农业合作销售联社。另外，还有 8 个邦级贸易合作发展公司，一个联社，1 个槟榔合作销售联社，1 个国家级苹果合作销售联社。1987—1989 年度，各级合作销售合作社销售额从 1960—1961 年度的 16.9 亿卢比猛增到 390 亿卢比。

表 2.2.22　印度 1970 年初级农业销售合作社经营情况表　（单位：10 万卢比）

项目	1972—1973 年	1973—1974 年	1974—1975 年	1975—1976 年	1976—1977 年
收购					
农产品	5819	6368	18567	18201	20115
农业必需品	11896	15504	18808	17507	18715
消费品	13935	17098	18543	19687	21184
销售					
农产品	7046	27415	27867	28410	25120
农业必需品	12661	15406	16817	17376	16862
消费品	14113	18623	21752	11840	24673

资料来源：D.P.Sharm,V.V.Desi,*the Rural Economy of India*,1980,p.206.

从印度 1970 年初级农业销售合作社的经营情况数据可以看出，农产品与农业必需品及消费品的收购总额从 1972—1973 年度的 5.819 亿卢比、11.896 亿卢

[①] 鲁达尔·达特、K.P.M. 桑达拉姆：《印度经济·下册》，雷启淮等译，四川大学出版社，1994 年，第 151 页。

比与 13.935 亿卢比分别增加到 1976—1977 年度的 20.115 亿卢比、18.715 亿卢比与 21.184 亿卢比，分别增长 245.69%、57.32% 与 52.02%。而销售总额则从 7.046 亿卢比、12.661 亿卢比与 14.113 亿卢比增加到 25.12 亿卢比、16.862 卢比和 24.673 亿卢比，增长 256.5%、33.18% 与 74.82%。

表 2.2.23 印度合作社系统经营农产品价值 （单位：千万卢比）

项目	1977—1978 年	1978—1979 年	1979—1980 年	1980—1981 年（估计）
粮食	384	490	500	500
甘蔗	630	554	510	580
棉花	151	462	440	530
油籽	33	58	70	70
种植园作物	93	108	124	125
蔬菜水果	27	13	26	28
其他	85	112	130	117
总计	1403	1792	1800	1950

资料来源：*Indian Business*,1982 Issue,p.27.

印度农村销售合作社的不断发展，经营的农产品品目也愈发丰富，既有粮食、棉花、甘蔗、油料等传统项目，还有蔬菜水果、种植园作物等新项目，同时收购量持续增加。1977—1978 年度，印度合作社系统经营价值总计 140.3 亿卢比，到 1980—1981 年度增加到 195 亿卢比，增长 38.99%。

表 2.2.24 印度销售合作社供应农业投入品 （单位：千万卢比）

项目	1976—1977 年	1977—1978 年	1978—1979 年	1979—1980 年	1980—1981 年
化肥	744.00	708.68	803.79	900.00	1010.00
高产品种	27.91	35.10	38.48	45.00	53.00
农药	20.11	23.51	25.69	27.00	28.00
农业机械	12.79	14.74	15.90	16.00	17.00

资料来源：*Indian Business*,1982 Issue,p.27.

"绿色革命"后，印度销售合作社投入的农产品也有很大变化，与作物增产相关的农产品大量投入，化肥、农药、良种与农业机械的投入量不断增长。分别从 1976—1977 年度的 74.4 亿、2.791 亿、2.011 亿与 1.279 亿卢比增加到 1980—

1981 年度的 101 亿、5.3 亿、2.8 亿和 1.7 亿卢比，分别增长 35.75%、89.89%、39.23% 与 32.92%。

印度农业因为长期的传统经营，农产品销售的基础设施低下，农业商品化率低，导致农产品销售费用久居不下。

表 2.2.25 1962—1963 年度印度稻米销售费用表 （单位：%）

项目		安德拉邦	泰米尔纳德邦	马哈拉施特拉邦	中央邦	北方邦
生产者价格		80.5	80.1	69.3	76.2	75.4
销售费用	批发商利润	2.9	4.1	11.6	3.0	11.4
	零售商利润	4.4	3.1	12.4	7.2	4.1
	其他销售费用	12.2	12.7	6.7	13.6	9.3
消费者价格		100.0	100.0	100.0	100.0	100.0

资料来源：*Economic Times*,August 9,1978.

1960 年初，印度稻米的销售费用很高，各邦略有差异。情况较好的安德拉邦销售费用占比 19.5%，而马哈拉施特拉邦则高达 31.7%。

表 2.2.26 1977 年小麦销售费用表 （单位：卢比 / 公担）

地区	生产者售价	消费者购价	两价差额	（3）÷（2）×100%
	（1）	（2）	（3）	（4）
哈里亚纳邦	78.00	108.00	30.00	27.9
旁遮普邦	79.50	113.50	34.00	30.00
拉贾斯坦邦	76.75	118.25	41.50	35.2
北方邦	72.25	114.50	42.25	35.2
中央邦	73.50	120.50	46.75	39.1
马哈拉施特拉邦	75.50	118.50	45.00	38.1

资料来源：D.P.Sharm,V.V.Desi,*the Rural Economy of India*,1980,p.196.

1977 年，印度小麦销售费用比 1960 年度初的小麦销售费用更高。最高的中央邦高达 39.1%，即销售费用几乎达到商品总价的五分之二。最低的哈里亚纳邦也达到 27.9%。农产品的销售费用过高，对农业商品化的发展是十分不利的，增加了消费者的负担，削减了购买意愿。

印度政府为了让农产品销售健康发展，采取降低市场费用、维持公平价格的手段来保证对农户有利的销售价格，缩小消费者与生产者间的差距，减少代理商与零售商的非职业地位。例如，在旁遮普邦与哈里亚纳邦的农产品生产地建立规范市场，农产品销售费用逐渐下降。

表 2.2.27　1979 年印度农产品销售费用下降情况表　　　　（单位：卢比）

项目	百卢比的产品支付的市场费用		法定市场下降数量	下降率（%）
	非法定市场	法定市场		
佣金	1.69	1.13	0.56	33.1
过磅费	0.38	0.15	0.23	60.5
搬运费	0.56	0.20	0.36	64.3
回扣	0.29	0.19	0.10	34.5
慈善费	0.95	0.32	0.63	66.3
其他费用	0.95	0.32	0.63	66.3
总计	3.39	2.05	1.94	48.6

资料来源：D.P.Sharm,V.V.Desi,*the Rural Economy of India*,1980,p.20.

印度农产品销售费用中的市场费用主要包括佣金、过磅费、搬运费、回扣、慈善费等，其中佣金占比近半。1979 年，销售费用中的市场费用平均下降48.6%，其中慈善费下降高达 66.3%，佣金也下降 33.1%。农产品销售费用的下降能够使农产品的销售价格下降，激发消费者的购买意愿，促进农产品市场的活跃，推动印度农业商品化的发展。

2. 农产品出口

前文已述，英属印度时期印度农产品的主要出口品种是棉花、黄麻、茶叶等为英国工业发展提供原料。独立后，印度农业基础依然薄弱，粮食危机不断，在国际农产品市场拿不出更多的商品，在某种程度上，依然延续殖民时期的惯性，茶叶还是出口的主要商品。

表 2.2.28　印度茶叶在伦敦市场出售数量　　　　（单位：磅）

年份	北印度	南印度	合计
1951	41359	12211	53570
1952	165673	22249	187922
1953	187336	25383	212769

续表2.2.28

年份	北印度	南印度	合计
1954	164659	24564	189223
1955	157850	27129	184979
1956	153225	26375	179600
1957	159003	34627	193630

资料来源：C.I.Machia,*The Oriental Economist*,Volume 31,Issue 9,August 29,1958.

印度茶叶在英国伦敦市场的销售数量持续增加，从1951年的53570磅增加到1957年的193630磅，增长261.45%，销售价格也稳中有升。

表2.2.29　印度茶叶在伦敦市场每磅平均价格

年份	北印度		南印度		合计	
	先令	便士	先令	便士	先令	便士
1951	3	7.90	3	6.44	3	7.54
1952	2	11.94	2	9.11	2	11.58
1953	3	7.42	3	5.30	3	7.14
1954	5	4.03	5	2.43	5	3.79
1955	5	3.59	4	5.63	5	1.96
1956	5	1.05	4	3.11	4	7.11
1957	4	8.57	3	9.07	4	7.00

资料来源：C.I.Machia,*The Oriental Economist*,Volume 31,I ssue 9,August 29,1958.

独立初期，印度茶叶出口地区主要是前宗主国、英联邦、美国和苏联。南印度在1957年在这些国家和地区的茶叶出口量已经达到近7800万磅，成为最重要的出口商品。

表2.2.30　南印度茶叶出口　　　　　　　　　　　　　（单位：磅）

国名	1958年（1—4月）	1957年	1956年
英国	11719462	47366644	48561875
苏联	1790117	1252553	无
加拿大	3265456	6219827	7388914
美国	3118826	7030499	6872863

续表 2.2.30

国名	1958 年（1—4 月）	1957 年	1956 年
澳大利亚	1789539	6555146	6888425
其他地区	4513724	9241609	6477830
合计	26197124	77666278	76189907

资料来源：C.I.Machia,*The Oriental Economist*,Volume 31,Issue 9,August 29,1958.

咖啡与茶叶一样，不同于粮食作物满足人们的基本需求，是纯粹的经济商品，具有天然的商品性。独立后，咖啡也成为印度的重要出口农产品，主要出口欧美等发达国家和地区。

表 2.2.31　印度咖啡输出方向　　　　（单位：十万卢比）

国名	1948—1949 年	1949—1950 年	1950—1951 年	1951—1952 年	1952—1953 年	1953—1954 年	1954—1955 年	1955—1956 年	1956—1957 年	1957—1958 年
英国	—	30	30	21	21	36	27	4	44	43
锡兰	—	—	—	—	—	1	1	—	—	—
挪威	—	—	—	—	—	—	11	—	—	—
西德	—	—	—	4	69	13	284	58	215	242
荷兰	—	—	—	3	8	46	139	12	174	49
法国	—	—	—	7	7	—	—	—	11	—
比利时	—	—	—	—	—	15	53	12	76	54
瑞士	—	17	1	—	—	13	3	—	1	1
意大利	—	13	6	6	11	22	124	43	37	69
总计	—	131	134	55	138	146	722	150	668	713

资料来源：C.I.Machia,*The Oriental Economist*,Volume 31,Issue 9,August 29,1958.

到 1958 年，印度咖啡的出口总值达到 7.13 亿卢比，与印度茶叶一样成为印度重要的出口农产品，为印度独立初期换取了亟须的外汇。但印度此时的农产品出口品种十分单一，对国际市场的依赖性极强，农业商品化发展十分不充分。

"绿色革命"后，印度农业生产率大幅提高，生产量迅速增加，剩余农产品也相应增长，促进了农产品的出口。

表 2.2.32　印度农产品出口值

年度	价值（千万卢比）
1970—1971	487
1980—1981	2057
1981—1982	2221
1982—1983	2450
1983—1984	2622
1984—1985	2997
1985—1986	3018
1986—1987	3160

资料来源：*Economic Survey* 1987-1988.

1970—1971 年度，印度农产品出口值 48.7 亿卢比，之后稳步增长。到 1986—1987 年度增加到 316 亿卢比，猛增 548.87%。

"绿色革命"后，农产品的出口不仅总额大幅增长，而且农产品出口的品目也日渐丰富。出口商品既有传统的茶叶、咖啡，也有鱼类、肉类和水果蔬菜及食品。更难能可贵的是，水稻成为重要的出口农产品，这对"绿色革命"前粮食短缺，大量进口粮食的印度来说意义深远。

表 2.2.33　印度出口的主要农产品　　　　　　（单位：千万卢比）

项目	1970—1971 年	1980—1981 年	1981—1982 年	1982—1983 年	1983—1984 年	1984—1985 年	1985—1986 年	1986—1987 年
咖啡	25	214	146	187	182	210	265	306
茶叶	148	426	395	370	515	767	626	550
油饼	55	125	118	149	152	137	134	187
烟叶	33	141	236	248	178	178	174	174
坚果	57	140	182	135	151	180	225	321

续表2.2.33

项目	1970—1971年	1980—1981年	1981—1982年	1982—1983年	1983—1984年	1984—1985年	1985—1986年	1986—1987年
香料	39	11	99	95	117	207	278	269
棉花	14	165	36	108	157	60	68	182
水稻	5	224	368	218	114	169	196	165
鱼类及制品	31	217	285	364	381	409	479	
肉类	3	56	80	81	72	83	74	76
水果蔬菜、食品等	17	115	154	234	168	214	206	203

资料来源：*Economic Survey* 1987-1988. 有删减。

从 1970—1971 年度到 1986—1987 年度，印度水稻出口值从 0.5 亿卢比增加到 18.2 亿卢比，增长 36.4 倍。新增的鱼类、肉类与水果蔬菜和食品则分别从 3.1 亿、0.3 亿和 1.7 亿卢比增加到 47.9 亿（1985—1986 年度）、7.6 亿与 20.3 亿卢比，分别增长 15.45、25.33 和 11.94 倍。

随着印度农产品总产量的提高，农产品的加工业也发展起来。1962—1963 年度，印度只有 326 个农业加工合作社，到 1987—1988 年度，则增加到 2400 多家，仅糖厂就有 215 个。农产品合作加工企业不仅解决了剩余农产品的商品化问题，提升了农产品的附加值，而且提供了大量工作机会。

表2.2.34　1986—1987 年度印度水果蔬菜加工后的出口情况

项目	组成	出口地	数量（吨）	价值（千万卢比）
水果汁 罐、瓶装水果	芒果、凤梨、柑橘、番石榴	苏联、沙特等	8814 30320	5.33 34.01
罐装蔬菜	蔬菜	美英德、沙特	971	1.72
脱水蔬菜	洋葱、大蒜	苏、日、英等	1128	1.67
腌菜、泡菜	芒果及其他	英、美、沙特	5700	6.2
总计			46933	48.93

资料来源：*Economic Times*, May 19, 1988.

水果蔬菜与粮食不同，却与茶叶、咖啡相似。但茶叶、咖啡出口还是农产品的原料出口，属于低层次出口，而水果蔬菜则不同，要么原料出口需要冷藏技术，要么深加工后出口，如榨汁灌装、脱水及腌泡。就印度水果蔬菜加工后出口情况来看，到 1986—1987 年度，印度出口数量 46933 吨，总值 4.893 亿卢比。虽然出口量与总值不高，但更能体现印度农业产业化的发展。

印度农村销售合作社的发展不仅体现在国内农产品的销售方面，而且也反映在农产品出口中。印度农村销售合作社在发展的过程中逐渐呈现规模化、集团化趋势，全印农产品销售联合会成立后，抗风险能力增强，出口额持续增长，重要性日益显现。

表 2.2.35　印度销售合作社系统出口农产品价值　　　（单位：千万卢比）

年度	出口总额	全印农产品销售联合会出口额
1961—1962	11.51	0.48
1966—1967	16.27	1.39
1971—1972	38.20	3.87
1973—1974	26.00	1.77
1975—1976	148.00	26.76
1976—1977	72.00	21.46
1977—1978	22.33	9.45
1978—1979	62.17	52.87
1979—1980	71.43	45.74
1980—1981	—	112.77

资料来源：*Indian Business*,1982 Issue,p.96.

"绿色革命"开始时，印度销售合作社系统的出口总额 1.627 亿卢比，全印农产品销售联合会只有 0.139 亿卢比，占比 8.5%。到 1980—1981 年度，全印农产品销售联合会的出口额已经增加到 11.277 亿卢比，增长 81.13 倍，在印度销售合作社系统的农产品出口额中占据绝大份额。

二、农业多元化

狭义的农业是指种植业，甚至仅仅是粮食种植。而广义的农业则包括粮食与经济作物的种植业，林业、渔业和牧业。农业多元化就是在粮食种植的基础上，改变农业的单一模式，大力发展经济作物，提高林业、牧业与渔业在传统农业中的地位，最终形成农业生产机构的多元化。

"绿色革命"前的农业就是狭义的农业，重点与核心是粮食种植，经济作物的生产点缀其间。"绿色革命"后，由于采用农业科技，粮食生产取得了长足增长，印度不再大量进口粮食，甚至有余粮出口，这就为印度农业从狭义向广义发展奠定了基础。

1. 农业危机

依照印度农产品的分类标准，经济作物大致分为五类。即油料作物，包括花生、油菜、芝麻、芥子、蓖麻等；纤维作物，包括棉花与黄麻等；种植园作物，包括茶叶、咖啡与橡胶等；少量作物，包括番木瓜、靛蓝等；其他作物，包括甘蔗、香料、烟叶、槟榔等。

表 2.2.36　印度主要经济作物种植面积及其构成变化　　（面积：万公顷）

作物类别	1950—1951 年度		1960—1961 年度		1970—1971 年度		1980—1981 年度	
	面积	所占比重（%）	面积	所占比重（%）	面积	所占比重（%）	面积	所占比重（%）
经济作物合计	3458	100.0	3666	100.0	4039	100.0	4666	100.0
棉花	588	17.0	761	20.7	760	18.8	782	16.7
油料	1072	31.0	1377	37.5	1649	40.8	1553	33.2
黄麻	57	1.6	63	1.7	75	1.8	94	2.0
甘蔗	170	4.9	211	6.5	261	6.4	267	5.7
烟草	35	1.0	41	1.1	44	1.0	44	0.9
其他经济作物	1536	44.5	1183	32.2	1250	30.9	1629	41.2

资料来源：陈桥驿：《印度农业地理》，商务印书馆，1996，第106页。

从 1950—1951 年度到 1980—1981 年度，印度主要经济作物种植面积从 3458 万公顷增加到 4666 万公顷，增长 34.93%。棉花、油料、黄麻、甘蔗、烟草等主要经济作物的种植面积均有大幅增加。下面各表是印度独立后主要经济作物的种植面积及产量增长情况。

表 2.2.37　独立后印度棉花种植面积及产量情况

年份	面积（万公顷）	总产量（万包）	单产（千克/公顷）
1949—1950	492.6	259.6	95
1958—1959	796.4	460.8	104
1969—1970	773.1	525.5	122
1985—1986		861	
1986—1987	653.8	700	
1987—1988		1020	

备注：每包180千克。

资料来源：根据 P.C.Bansil,*Indian Agricultural Statistics*,1974 数据整理。

独立后，尤其是"绿色革命"后，印度棉花的种植面积与单产都有大幅增长。尤其是棉花总产量更是增幅巨大。1987—1988 年度，印度棉花总产量 1020 万包，比 1949—1950 年度的 259.6 万包增加 760.4 万包，增长 291.91%。

表 2.2.38　独立后印度黄麻种植面积及产量情况

年份	面积（万公顷）	总产量（万包）	单产（千克/公顷）
1949—1950	47.1	311.4	1190
1958—1959	73.3	519.9	1277
1971—1972	81.9	571.1	1256
1985—1986	114.5	1088.55	
1986—1987	80.71	735.81	

备注：每包180千克。

资料来源：根据 P.C.Bansil,*Indian Agricultural Statistics*,1974 数据整理。

黄麻的种植面积与总产量及单产均有大幅增长。1985—1986 年度，种植面积与总产量分别比 1949—1950 年度增长了 140.1% 和 249.56%。

表 2.2.39　独立后印度甘蔗种植面积及产量情况

年份	面积（万公顷）	总产量（万吨）	单产（千克/公顷）	蔗糖（万吨）
1949—1950	150	5017.3	34201	缺乏数据
1959—1960	200	7781.7	36414	缺乏数据
1969—1970	210	13502.4	49121	缺乏数据
1981—1982	缺乏数据	缺乏数据	1256	840.38

续表2.2.39

年份	面积（万公顷）	总产量（万吨）	单产（千克/公顷）	蔗糖（万吨）
1984—1985	缺乏数据	缺乏数据	缺乏数据	610
1986—1987	缺乏数据	17168.1	缺乏数据	850

资料来源：根据 *Agricultural Conditions in India*,Agugust 1987,p.414 整理完成。

甘蔗的总产量也取得了巨大增长，1986—1987 年度比 1949—1950 年度增长242.18%。

表 2.2.40　独立后印度油料作物种植面积及产量情况

年份	面积（万公顷）	总产量（万吨）	单产（千克/公顷）
1949—1950	1007.1	522.5	519
1959—1960	1395.4	655.6	470
1969—1970	1481.1	773.4	532
1970—1971	1541.8	925.9	601
1985—1986		1115.4	
1986—1987		1200（估计）	

资料来源：根据 *Agricultural Conditions in India*, Agugust 1987,p.416 整理完成。

表 2.2.41　独立后印度烟叶种植面积及产量情况

年份	面积（万公顷）	总产量（万吨）	单产（千克/公顷）
1949—1950	34.8	26.8	770
1958—1959	40.8	29.2	716
1969—1970	43.8	33.7	770
1984—1985	36.03	44.57	
1985—1986	34.72	39.83	

资料来源：根据 *Agricultural Conditions in India*,Agugust 1987,p.421 整理完成。

表 2.2.42　独立后印度茶叶种植面积及产量情况

年份	面积（万公顷）	总产量（万吨）	单产（千克/公顷）
1946—1950	31.2	26.5	849
1959—1960	33.1	33.1	985
1969—1970	35.3	35.3	1114

续表2.2.42

年份	面积（万公顷）	总产量（万吨）	单产（千克／公顷）
1985—1986	37.4	67	

资料来源：根据 P.C.Bansil,*Indian Agricultural Statistics*,1974 数据整理。

表 2.2.43　独立后印度咖啡种植面积及产量情况

年份	面积（万公顷）	总产量（万吨）	单产（千克／公顷）
1949—1950	8.8	2.19	275
1959—1960	11.1	4.55	474
1969—1970	13.1	11.03	
1979—1980	19.9	13.67	

资料来源：根据 *Agricultural Conditions in India*,Agugust 1987,p.416 整理完成。

表 2.2.44　独立后印度橡胶种植面积及产量情况

年份	面积（万公顷）	总产量（万吨）	单产（千克／公顷）
1950—1951	5.8	1.44	342
1959—1960	12.3	2.42	340
1969—1970	13.3	8.2	616

资料来源：根据 *Agricultural Conditions in India*,Agugust 1987,p.416 整理完成。

表 2.2.45　独立后印度调料作物种植面积及产量情况

年份	面积（万公顷）	总产量（万吨）
1949—1950	66	60.5
1959—1960	75.5	49.8
1969—1970	89.2	57.5
1984—1985	94.861	1023.56
1985—1986	103.503	1192.73

资料来源：根据 *Agricultural Conditions in India*,Agugust 1987,p.416 整理完成。

　　从上面表中的数据可知，甘蔗、油料、烟叶、茶叶、咖啡、橡胶以及调料作物等种植面积与总产量及单产与独立初相比都有极大增长。如果考虑到"绿色革命"中耕地面积仅比之前增长 1.9%，就能够理解印度经济作物获得这些成就的重要意义。

　　槟榔是印度重要的经济作物，其种植面积与总产量均占世界的近一半，主要产区是卡纳塔克、喀拉拉及阿萨姆等。独立后，印度政府十分重视槟榔产业发展。1956 年，印度建立了中央级的维塔槟榔实验站。实验站陆续从中国、菲律宾、印度尼西亚、马来西亚、泰国、新加坡、越南以及斯里兰卡等地采集了许多野生槟榔进行培育，其中的 Hirehalli Dwarf 品种是自然变种。印度农作物研究中心的人员将其与 5 个高产槟榔品种进行杂交实验，最终培育出具有矮秆、小冠与高产等优点的 3 个杂交品种。槟榔的黄化病一直困扰着槟榔产业的发展，独立后印度开始选育抗病良种，但未获成功。"绿色革命"后，印度农作物研究中心的专家发现，加强田间管理，并适当施加钾肥及少量硼肥，能够减少黄化病的发展。维塔实验站还建立了许多槟榔试验区，进行槟榔与香蕉、大薯、胡椒等作试验，大获成功，槟榔的产量普遍增长 40% 以上。印度农业专家阿尼塔·卡伦还进行槟榔的组织培育工作，以此可以得到无病毒的苗木，有效控制病害的发生与蔓延。

2. 社会林业的发展

　　林业是印度大农业的重要组成部分。虽然其收入在大农业中仅占 3%，但林业的发展对森工企业发展有助力作用，同时它还可以调节气候、保持水土、涵养水源、提供能源，进而推动牧业发展。

　　独立后，印度林业发展经历了巩固和保护森林阶段（1951—1961 年）、开发与扩大森林阶段（1961—1972 年）、集约经营森林阶段（1972—1984 年）与生态林业阶段（1984 至今）等四个阶段。

　　第一阶段中，1948 年，建立中央林业局，隶属于农业部。1952 年，印度颁布国家林业政策，以巩固、保护和扩大森林资源。国家对林业的投资从"一五"计划的 7640 万卢比增加到"二五"计划的 2.12 亿卢比。第二阶段初期因为印度优先发展重工业，要求林业部门提供工业材料。这个阶段的特点是人工林发展迅速，共造林 140 多万公顷。"绿色革命"后的第三阶段，印度政府调整林业政策，将林业分为生产林业和社会林业，对森林资源进行集约化经营。1972 年，印度在各邦成立森林发展公司，实行采育并举的综合发展模式。到 1985 年，已经发展到 17 家。这个阶段林业中发展最迅速的是社会林业。1973 年，印度开始将开展社会林业作为今后五年计划的重要农业任务。到"六五"计划结束时，国家对社会林业投资达到 30.18 亿卢比，占国家林业总投资的 44%。

表 2.2.46　印度"一五"到"六五"计划人工造林面积与投资情况

（单位：万公顷，百万卢比）

计划	社会林业		生产性林业		人工林		总投资
	面积	投资	面积	投资	面积	投资	
"一五"计划（1951—1956 年）	1.513	1.642	3.696	11.19	5.209	12.83	76.388
"二五"计划（1956—1961 年）	14.722	19.933	16.395	48.688	31.117	68.621	212.081
"三五"计划（1961—1966 年）	26.032	54.305	32.305	156.964	58.337	211.269	458.542
"三年"计划（1966—1969 年）	12.781	42.80	32.517	187.346	45.298	230.236	419.33
"四五"计划（1969—1974 年）	19.028	70.67	52.399	372.73	71.427	443.4	894.183
"五五"计划（1974—1979 年）	56.734	525.326	65.386	547.48	122.12	1072.81	2088.38
年度计划（1979—1980 年）	12.188	226.88	10.13	144.13	22.318	371.0	683.295
"六五"计划（1980—1985 年）	165.50	3018.84	62.404	1003.12	227.904	4021.96	6924.87

资料来源：根据 *Report of Indian Delegation on the IX World Forestry Congress*,1985;*Developing India's Wastelands,Minstry of Envinonment&Forests*,1990. 中数据整理。

从上表中数据可以得知，"一五"计划到"六五"计划期间，印度林业总投资从 7638.8 万卢比增加到 69.2487 亿卢比，增长近 91 倍，而印度社会林业、生产型林业与人工林的面积分别从 1.513、3.696、5.209 万公顷增加到 165.5、62.404、227.904 万公顷，分别增长大约 109 倍、17 倍与 43 倍。这些巨大增长的背后，是迅速增加的投资。同期对社会林业、生产性林业与人工林投资分别增长了大约 1838 倍、90 倍与 313 倍。

具体到社会林业而言，1968 年，印度林业学家 J.G. 维斯托提出社会林业概念，并在 1978 年第 8 届世界林业大会上被正式承认。印度的社会林业主要包括乡村片林、联合经营林与生态开发林。乡村片林又包括自助与外部资助两种类型。前者是指政府提供种苗，村民自愿造林；后者是由援助项目资助，但收益归属村民。

表 2.2.47　印度社会林业项目接受的外部资助　　　（单位：十万卢比）

名称	项目期限	资金数额	面积（公顷）
北方邦	1979—1980 年	500	76000
马哈拉施特拉	1982—1990 年	720	75726
安德拉	1983—1990 年	427.6	45217
比哈尔	1985—1992 年	486	53375
查谟、克什米尔与哈里亚纳	1982—1991 年	1061.9	186281
西孟加拉	1981—1991 年	640	242578
卡纳塔克邦	1983—1992 年	852.1	53351
喀拉拉邦	1984—1993 年	896.8	131000
国家社会林业项目（北方邦、喜马偕尔、拉贾斯坦、古吉拉特）	1985—1993 年	6981.08	1198742
总计		12565.48	2062270

资料来源：根据 M.F.Ahmed,*In-Dedth Country Stydu-India*.Fao,1997. 数据整理。

1979—1993 年，印度各邦的社会林业发展获得了大量的资金援助，总计 11.619 亿卢比。因此造林、护林 206.227 万公顷，迅速推动了印度社会林业的发展。

1984 年，拉吉夫·甘地担任印度总理，林业进入一个发展新阶段。1985 年，印度联邦政府将林业局从农业部中独立，成立新的环境与林业部，将野生动物也纳入林业管理范畴。同年，印度成立了国家荒地开发委员会，鼓励民众植树造林。1987 年，印度内阁对 1952 年的林业政策进行修正，将林业置于农业之上，大力发展社会林业，加大投资力度。1950—1980 年的 30 年间，印度对林业的投资是 24 亿卢比。而 1980—1988 年的 8 年间，则投资高达 179.6 亿卢比，是前者的 7 倍多。

3. 畜牧业发展

印度因为特有的文化因素，所以牲畜的存栏数很庞大。据联合国粮农组织估计，全印牛与水牛有 2.71 亿头，占世界总数的 15.4% 与 53.2%。另有山羊与绵羊1.64亿只，猪1000多万头，其他牲畜400万头。但印度畜牧业经营却长期低迷，牛不能随意屠宰，大多是自然死亡，造成大量牛肉浪费。另外，蛋、奶制品品种单一，无法形成规模产业。

表2.2.48　印度各类牲畜及家禽头数　　　　（单位：万头）

类别	年份				
	1950	1974—1976	1980	1985	1990
黄牛	15524	17946.2	18250	18241^F	19730
水牛	4083	5985.4	6130	6450^F	7500
驴	125	100	100	100^F	145^F
骡	5.7	—	12.8	13.5^F	13.9^F
骆驼	63.8	108.2	115	110^F	145^F
马	15.1	—	76	91^F	96^F
猪	391	722.3	1000	882.6	1040^F
绵羊	3682	4000	4130	4130	5458
山羊	4515	7250	7165	8150	11000
鸡	—	14100	—	16100	31000^F

备注：F指联合国粮农组织的估计数。

资料来源：陈桥驿：《印度农业地理》，商务印书馆，1996，第146页。

"绿色革命"后，印度牲畜的数量还是获得了快速增长。黄牛与水牛的数量分别从1950年的1.5523亿头与4083万头增加到1990年1.973亿头和7500万头，分别增长27.09%与83.69%。其他牲畜也相应较大增长。旁遮普邦"绿色革命"初期，家禽和家畜的数量也有大幅增长。

表2.2.49　1966—1977年旁遮普家畜与家禽数量　　　　（单位：千头）

年份	牛	水牛	绵羊	马	家禽
1966	3161.8	2983.3	444.0	36.3	1680.1
1972	3389.8	3795.5	387.7	49.7	3017.3
1977	3311.8	4110.0	497.5	75.9	5539.1

资料来源：*Economic Statistics Summary of Punjab*, 1960-1978.

由表2.2.49知，旁遮普的牛、水牛、马与家禽的数量分别从1966年的316.18万、298.33万、3.63万与168.01万头增加到1977年的331.18万、411万、7.59万和553.91万头，分别增长4.74%、37.76%、109.09%和229.69%。

在牲畜总数量大幅增长的同时，役畜的数量却增长缓慢，甚至有所减少。

表2.2.50　印度役畜统计　　　　　　　　　　（单位：万头）

种类	年份				
	1956	1961	1966	1972	1977
牛：役用公牛 种、役兼用公牛 役用母牛	6247.5	6870.4	6917.7	7057.4	7101.3
	—	196.4	225.5	198.8	198.5
	183.7	215.0	198.3	207.4	199.0
水牛：役用公水牛 种、役兼用公水牛 役用母水牛	595.3	644.5	697.2	700.9	730.0
	—	49.9	62.0	60.3	60.3
	42.0	48.7	38.6	36.9	33.5
其他役畜（包括马、骡、驴、骆驼）	335.1	337.6	330.5	312.0	302.8

资料来源：陈桥驿：《印度农业地理》，商务印书馆，1996，第147页。

1977年，役用公牛、役用母牛、役用公水牛、种役兼用公牛与公水牛数量比1956年有小幅增加，但役用母水牛与其他役畜则都小幅减少。如果与"绿色革命"开始的1966年比，则大多数都呈现下降趋势。这是因为"绿色革命"农业科技的发展，尤其是农业机械化的推广，役畜作为农业生产动能的主力地位被严重削弱了。

印度牲畜总数虽然很庞大，但其乳业发展却十分滞后。印度有2亿多头牛，但都是分散养殖，奶牛场罕见，导致牛奶收购困难。早在独立前夕，国大党领导人巴特尔就提出建立牛奶生产合作社的主张。1946年，在巴特尔与德赛组织推动下，阿南德地区最先建立了牛奶生产合作社，农民自己冷藏与加工。1964年，总理夏斯特里在古吉拉特邦的凯拉区之行后，印度乳业开始快速发展，甚至后来被称为"白色革命"。1965年，印度成立全国牛奶发展局，专事推广阿南德牛奶合作社及合作联社的成功经验。"绿色革命"开始后，在联合国世界粮食计划的援助下，1970年，"牛奶洪流行动"开始实施。很快，在孟买、德里、加尔各答与马德拉斯 4 个大都市建立了现代化牛奶厂，并在 10 个邦成立 18 个牛奶生产联社，其下有 8619 个村级合作社。阿南德模式在全印的普遍推广与"白色革命"的推行，印度牛奶生产量显著增长，从 1970 年的 2100 万吨增加到 1981 年的 3300 万吨。

印度在牛奶产业的发展中十分重视科研与培训，大力培养奶业人才。国家奶业研究所设施先进齐全，有试验与实施的专门场所。该所从牛的人工授精、饲料营养分析以及奶产品加工与质量检查等每个环节都有专业的教育与培训内容。

另外，印度政府先后颁布了十几部食品质量安全法律法规，其中包括《牛奶和奶制品管理条例》，最终确立了带有法律强制力的统一的乳品质量安全标准。

表 2.2.51 乳品主要指标含量标准

乳品	最低含量比重（%）	
	脂肪	非脂肪类固态物（SNF）
水牛乳	5.0～6.0	9.0
奶牛乳	3.0～4.0	8.5
山（绵）羊乳	3.0～3.5	9.0
混合乳	4.5	8.5
标准乳	4.5	8.5
重组乳	3.0	8.5
调制乳	3.0	8.5
双调乳	1.5	9.0
脱脂乳	≤0.5	8.7
全脂乳	6.0	9.0

资料来源：钟真、郑力文：《印度乳品质量安全管理体系的经验》，《世界农业》2013 年第 4 期。

在印度各方的共同努力下，印度改变了 1970 年前的 20 年里，牛奶产量只有 2200 万吨，乳品需要大量进口的历史。从 1970—1996 年间，印度牛奶产量从 2200 万吨增加到 6600 万吨。2001 年，牛奶产量达到 8400 万吨，最终成为世界第一的牛奶大国。

4. 渔业的发展

印度拥有发展渔业的良好条件。首先，印度有漫长的海岸线，长达 6049 千

米，200 海里经济区面积多达 200 多万平方千米，低于 200 米深的大陆架面积有
41.5 万平方千米。另外，由于印度热带气候所致近海海水温暖，光照充足，再加
上陆地大河注海，为海洋生物提供了丰富养料。印度还有广阔的内陆水源。全印
大部分地区年降水量在 1000 ～ 2000 毫米，径流总量 1680 立方千米，河流总长
度 27359 千米，运河与灌渠总长 112654 千米，另有池塘和水塘面积 169 万公顷。
这些都成为海洋捕捞渔业与内陆养殖渔业的发展奠定了良好基础。印度渔业不仅
提供了 1400 多万人的就业，而且还是创汇的重要内容。2009—2010 年，渔业虽
然在全印 GDP 中仅占 1.07%，占农业 GDP 的 5.4%，但却为印度创汇 840 亿卢比，
占农业出口价值的约 14%。

表 2.2.52　印度历年的渔获量　　　　　（单位：万吨）

年份	总渔获量	海洋渔获量	内陆渔获量
1951	75.1	43.3	21.8
1961	96.1	68.4	27.7
1971	185.1	116.1	69.0
1975	226.6	148.2	78.4
1980	244.6	155.4	89.1
1981	244.8	144.5	100.3
1982	236.9	142.7	94.2
1983	250.8	151.9	98.9
1984	286.4	177.9	108.5
1985	282.6	173.4	109.2
1986	292.3	171.7	120.6
1987	290.7	167.8	122.9
1988	312.6	180.6	132.0
1989	361.8	224.6	137.2

资料来源：陈桥驿：《印度农业地理》，商务印书馆，1996，第 184 页。

　　从 1951—1989 年，印度总渔获量从 75.1 万吨增加到 361.8 万吨，猛增 286.7 万
吨。其中海洋渔获量与内陆渔获量分别从 43.3 万吨与 21.8 万吨增加到 224.6 万
吨和 137.2 万吨，分别增长 418.7% 和 529.36%。

表 2.2.53　印度海洋渔获量的主要组成及产量　　　　　　　　　（单位：吨）

种类	年份						
	1984	1985	1986	1987	1988	1989	1990
长头小沙丁鱼	291144	272996	270496	246415	227981	288006	289172
海虾类	203186	232489	215324	197171	107012	110707	177648
石首鱼科	153395	151601	162203	169563	164773	229927	171910
龙头鱼	116434	104808	95682	88862	115735	135606	109522
羽鳃鲐	54820	89883	62321	65973	66680	170129	84967
鳀科	107174	71395	66818	58060	66246	64260	72320
带鱼科	46432	84786	73509	72179	49515	70001	66070
海鲶科	70893	48808	65427	59326	68245	68889	63598
鲨鳐科	54000	50470	49094	57850	73495	83953	61477
鲱亚科	61405	45226	53541	46900	60740	64003	55302
蝠科	47331	40047	41987	39978	35068	47571	42001
鲳科	50472	38104	38119	42770	34616	39717	40633
鲈亚科	31456	22426	37534	44763	49066	52463	39618
克里鲋科	43597	21799	24834	27488	24971	27113	28300
鲸科	21864	18850	21290	25420	15669	48719	25392
全印海洋渔获量	1779359	1734157	1716944	1678739	1806183	2246403	1826964

资料来源：陈桥驿：《印度农业地理》，商务印书馆，1996，第 186 页。

　　在印度海洋渔业中，捕捞业几乎是唯一的产业。自"绿色革命"以来，印度海洋渔业大力引进机械动力捕捞船，改进捕捞设施，并开展海洋生物学研究，对海洋资源进行合理开发和保护。同时，为了及时加工保持新鲜，获得较高的出口价格，海洋渔业部门增加制冰厂、冷冻设施、冷冻仓库、冷藏车间、罐头加工厂、保温设施及垃圾处理设施等。另外，随着印度农业科技的发展，海水养殖业也获得了一定发展。印度的海水养殖主要品种是贻贝、牡蛎、龙虾和海藻等。其中贻贝已经有了标准化养殖技术，到 2009 年产量已经猛增到了 8000 多万吨。

　　而印度内陆渔业则主要是水产养殖。1981 年，印度淡水养殖水面 61 万公顷，产量近 90 万吨，占全印海、淡水总渔获量的 40%，高居世界第二。英属印度时期，印度淡水养殖主要是在西孟加拉养殖印度鲤科鱼类，平均产量只有 600 千克 / 公顷。"绿色革命"开始后，开始引进国外鱼种，由粗放养殖转变为精细养殖，并免费培训渔民及技术员，提供无息贷款。由于科学养殖、强化管理，平均产量提高到 2100 ～ 2500 千克 / 公顷，最高甚至达到 8000 千克 / 公顷。

印度在对虾养殖业取得了巨大成功。1984—1985 年度，印度对虾产量只有 1.1 万吨，到 1988—1989 年度增加到 2.36 万吨，养殖面积从 4.3 万公顷增加到 5.8 万公顷。印度有 15 个虾苗孵化场，年平均生产虾苗 2 亿尾，并且动物饲料加工厂开发营养均衡的虾饲料。

印度渔业的发展也促进了水产品加工业，可以将低价值的水产品加工成高附加值的工业产品，如鱼粉与鱼油以及从虾、螃蟹与龙虾的外壳中提取甲壳素和壳聚糖。因此，印度水产品的出口持续增长，从 1961—1962 年的 3.9 亿卢比，增长到 2011 年的 8000 亿卢比，成为印度重要的创汇行业。

第三章 印度农业现代化的影响

"绿色革命"极大地推动了印度农业现代化的进程，促进了农业的全面发展，包括粮食产量大幅增长、农业综合发展指数的提高；农村基础设施建设，包括农村交通运输、卫生医疗、教育培训；农民收入增长与贫困率下降。然而，"绿色革命"因为急于增加农产品产量，忽视农业、农村与农民的全面发展，因此遗留下许多消极影响。例如农民实际收入下降、农村两极分化与社会冲突加剧以及生态环境恶化等。

第一节 印度农业现代化的积极影响

一、农业的全面发展

1. 粮食产量的大幅增长

"绿色革命"因为积极采用先进的农业科技，包括良种培育与改良、施用化肥农药、推广农业机械化及灌溉设施的建造与改进，促进了印度粮食产量的大幅增长。

表 3.1.1 印度主要农作物种植面积、总产和单产

作物	项目	1950—1951年	1960—1961年	1970—1971年	1980—1981年	1982—1983年	1983—1984年	1984—1985年
稻米	面积	3081	3412.8	3759.2	4011.52	3826.2	4124.4	4115.9
	总产	2057.6	3457.4	4222.5	5363.1	4711.6	6009.7	5833.7
	单产	668	1013	1123	1336	1231	1457	1417
小麦	面积	974.6	1292.7	1824.1	2227.9	2356.7	2467.2	2356.5
	总产	646.2	1099.7	2385.2	3631.3	4279.4	4547.6	4406.9
	单产	663	851	1307	1630	1816	1843	1870

作物	项目	1950—1951年	1960—1961年	1970—1971年	1980—1981年	1982—1983年	1983—1984年	1984—1985年
玉米	面积	315.9	440.7	585.2	600.5	572	585.9	580
	总产	172.9	408	748.6	695.7	654.9	792.2	844.2
	单产	547	926	1279	1159	1145	1352	1456
谷物总数	面积	7823	9201.8	10178.2	10421	10226.2	10762.1	10393.6
	总产	4241.4	6391.4	9660.4	11896.2	11766.2	13946.1	13557.6
	单产	542	752	949	1142	1151	1296	1285
豆类总数	面积	1909.1	2356.3	2253.4	2245.7	2283.3	2354.4	2273.7
	总产	841.1	1270.4	1181.8	1062.7	1185.7	1289.3	1196.3
	单产	441	539	542	473	519	548	526
粮食总数	面积	9732	11558.1	12431.6	12666.7	12509.5	13116.3	12667.3
	总产	5082.5	8201.8	10842.2	12958.9	12951.9	15237.4	14553.9
	单产	522	710	872	1023	1035	1162	1149

备注：面积单位为万公顷，总产单位为万吨，单产单位为千克。

资料来源：*Economic Overview of India*,1988—1989. 有删减。

印度粮食种植总面积从独立初的1950—1951年度的9732万公顷增加到1984—1985年度的1.26673亿公顷，增长30.16%，而粮食总产量却从5082.5万吨增加到1.45539亿吨，猛增186.35%。粮食种植面积增加不多，但粮食总产量大幅增加的原因是粮食单产的提高。同期，每公顷粮食产量从522千克增加到1184千克，激增120.11%。印度主要粮食作物稻米和小麦的种植面积从3081万公顷与974.6万公顷，增加到4115.9万公顷和2356.5万公顷，分别增长33.59%与141.79%。总产量分别从2057.6万吨与646.2万吨，增加到5833.7万吨和4406.9万吨，猛增183.52%与581.95%。单产则从每公顷668千克与663千克增加到1417千克和1870千克，猛增112.12%与182.05%。

印度粮食种植面积的增加归因于灌溉设施的建造与改进，开垦荒地需要相应的水源，而单产的提高则需要灌溉面积的增长、良种的种植与化肥施用量增加的合力。

表 3.1.2　印度灌溉面积增长情况　　　　　　（单位：百万公顷）

年度	总播种面积	灌溉总面积	灌溉面积占总播种面积百分比
1950—1951	131.9	22.6	17.1
1960—1961	152.7	27.5	18.3
1965—1966	155.3	30.9	19.9
1970—1971	165.8	38.2	23.0
1975—1976	171.0	43.3	25.3
1980—1981	173.1	49.9	28.8
1981—1982	177.0	51.6	29.1
1982—1983	173.4	52.0	30.0
1983—1984	180.1	53.9	29.9
1984—1985	176.0	54.0	30.6

资料来源：A.N.Agrawal,*India Economic Information Year Book*,1989-1990.

印度农业灌溉面积从 1950—1951 年度的 2260 万公顷增加到 1984—1985 年度 5400 万公顷，激增 138.93%，占总播种面积从 17.1% 增长到 30.6%。灌溉设施的建造改变了印度农业靠天吃饭的传统，既增强了农业抗天气的风险，也增加了增产的因素。

表 3.1.3　印度高产品种与本地品种产量比较　　　（单位：千克 / 公顷）

作物名称	高产品种产量	本地品种产量	增长百分比
水稻	5000	1100	355
小麦	6000	1200	400
耐旱玉米	3500	500	600
玉米	3700	100	270
珍珠玉米	3200	400	700
大麦	3200	1000	220
棉花	800	120	567
蓖麻	2700	300	800

资料来源：*Indian Business,Annual*,1972.

以印度主要的粮食作物水稻与小麦，经济作物棉花为例，高产品种与本地品种的作物单产差距惊人。水稻、小麦与棉花单产分别猛增 355%、400% 和

567%。而单产的大幅增长是农业总产量猛增的基础。

表 3.1.4　印度化肥施用量的增长

年度	化肥消费量（百万吨）	总播种面积（百万公顷）	每公顷播种面积化肥施放量（千克）
1950—1951	0.09	131.9	0.52
1955—1956	0.148	147.3	1.00
1960—1961	0.306	152.8	2.00
1965—1966	0.784	155.4	5.05
1870—1971	2.256	165.1	13.66
1975—1976	2.90	171.0	16.95
1980—1981	5.52	173.1	31.88
1985—1986	8.73	172.5	50.61
1986—1987	8.73		
1987—1988	9.01		
1988—1989	11.33		

资料来源：A.N.Agrawal,*India Economic Information Year Book*,1989-1990.

化肥与良种一样，最能体现农业科技的发展，传统农业中根本没有使用。印度农业中化肥施用几乎是从无到有，从少到多。1950—1951 年度，印度化肥消费量只有 9 万吨，到 1988—1989 年度激增到 1133 万吨，猛增近 126 倍。同时，每公顷化肥施用量从 0.52 千克猛增到 1985—1986 年度的 50.61 千克，激增近97.33 倍。

旁遮普是印度最重要的小麦生产邦之一，覆盖了全国 14% 的小麦面积，占全国小麦产量的 25%，并提供了政府粮食分配计划采购的 50% 以上的小麦。其小麦产量也是全国最高的，1986—1988 年平均为 3.6 吨 / 公顷，而整个印度为 2 吨 / 公顷。旁遮普邦也是第一个广泛采用与二十世纪六十年代末 "绿色革命" 相关的新小麦技术的邦。到二十世纪七十年代中期，高产小麦新品种（HYV）的采用过程基本完成。在这 10 年中（1966—1975 年），小麦产量以每年 10% 的极高速度增长，其中一半以上的增长是由高产小麦种植面积增加造成的。

表 3.1.5　旁遮普邦灌溉和肥料使用强度及种植强度

年度	总灌溉面积占总种植面积百分比	肥料使用（基于总种植面积，千克养分 / 公顷）	作物种植强度（%）
1960—1961	55.9	1.06	126
1970—1971	74.7	37.50	140
1975—1976	78.8	47.16	150
1978—1979	83.0	91.40	159
1979—1980	87.2	104.97	156
1980—1981	85.2	112.67	161
1981—1982	86.1	117.47	165
1982—1983	88.9	128.99	165
1983—1984	89.9	142.04	166
1984—1985	90.5	149.44	167

资料来源：*Statistical Abstracts of Punjab*,1986.

"绿色革命"前后（表 3.1.5 中 1960—1961 到 1984—1985 年间），旁遮普灌溉总面积在总种植面积的占比从 55.9% 增长到 90.5%，几乎实现了全覆盖，比全印的 54%，高出 36.5%。每公顷使用肥料从 1.06 千克增加到 149.44 千克，比全印的 50.61 千克多出 98.83 千克。因此，其种植强度才能逐渐提高，从 126 千克增长到 167 千克。

旁遮普农业对化肥、农具和机械、改良种子以及杀虫剂 / 除草剂的需求很大。N、P、K 的总消耗量从 1965—1966 年的 46000 吨营养素增加到 1970—1971 年的 213000 吨营养素，1980—1981 年进一步增加到 762000 吨营养素。据报告，在 1984—1985 年间，化肥的总消耗量为 104.8 万吨营养素。

表 3.1.6　旁遮普省化肥消费量　　　　　　　　　　　（单位：千吨营养素）

年度	化肥			
	氮肥	磷肥	钾肥	总计（N、P、K）
1965—1966	43	3		46
1970—1971	175	31	7	213
1975—1976	232	53	10	295

续表3.1.6

年度	化肥			
	氮肥	磷肥	钾肥	总计（N、P、K）
1980—1981	523	207	29	759
1981—1982	562	217	34	813
1982—1983	626	230	36	892
1983—1984	706	253	32	991
1984—1985	759	267	22	1048

资料来源：*Statistical Abstracts of Punjab*,1985.

旁遮普的农业机械化水平也远高于全印，普遍使用拖拉机、脱粒机、收割机与联合收割机。

表 3.1.7　旁遮普的拖拉机、脱粒机、收割机和联合收割机数量

年度	拖拉机数量	管井（10万）	脱粒机	收割机	
				安在拖拉机上	自行驱动
1971—1972	41185	3.29	暂无	暂无	暂无
1975—1976	61030	4.51	400000	235	160
1980—1981	125052	5.67	暂无	暂无	暂无
1981—1982	132000	6.10	暂无	暂无	暂无
1982—1983	140000	6.20	1100000	暂无	暂无
1983—1984	150000	6.30	暂无	2753	375

资料来源：*Deptt. Of Agriculture,Punjab.*1986.

旁遮普在"绿色革命"前就拥有一定数量的拖拉机，随着农业的快速发展，农机具的保有量均大幅增长。拖拉机从1971—1972年度的41185台增加到1983—1984年度的150000台，增长264.29%。同时，脱粒机和收割机的增长也十分惊人。

在灌溉几乎全覆盖，化肥施用量大幅增长，各类农机具普遍使用的情况下，旁遮普的作物单产才实现了大幅增长，剩余农产品的大量上市，农业收入也呈现持续增长势头。

表 3.1.8　旁遮普主要作物产量与收入

作物	产量（公吨/公顷）	价格（卢比/公担）	总收入（10万卢比）	总支出	净利润（卢比/公顷）
1965 年					
棉花	22.40	94.00	2105.60	294.12	1811.48
玉米	33.0	94.00	3102.00	588.24	2513.76
小麦	41.80	63.15	2639.67	588.24	2216.14
1978 年					
棉花	24.71	350.00	8648.50	431.76	8216.74
玉米	35.29	130.00	4587.70	1073.70	3514.00
小麦	47.06	130.00	6117.80	1158.88	4958.92
水稻	74.12	100.00	7412.00	2276.76	5135.24

资料来源：Murray J. Leaf,*Song of Hope:The Green Revolution in a Punjab Village*,Rutgers University Press, New Jersey,1984,pp.116-117.

旁遮普 1965 年棉花、玉米、小麦的总收入 7.84727 亿卢比，到 1978 年增加到 19.353 亿卢比，增长 146.62%。每公顷净利润从 6541.38 卢比增加到 16689.66 卢比，增长 155.14%。

由于积极推广农业科技，旁遮普邦小麦和稻谷大幅盈余，这有助于公共机构从旁遮普市场大量采购。旁遮普邦对中央储备的小麦和水稻的贡献，在 1985—1986 年间分别为 63.3% 和 49.4%。

表 3.1.9　小麦和水稻对中央储备的贡献

年度	小麦	水稻
	占中央储备的百分比	占中央储备的百分比
1968—1969	59.1	7.9
1970—1971	74.4	16.4
1975—1976	58.3	19.1
1980—1981	45.3	75.3
1981—1982	42.5	57.1
1982—1983	46.9	62.5
1983—1984	41.9	62.3
1984—1985	43.6	53.9

年度	小麦	水稻
	占中央储备的百分比	占中央储备的百分比
1985—1986	63.3	49.4

来源：*Agriculture Department, Punja, 1986.*

以上对旁遮普农业各个方面发展的个案梳理，可以从一个侧面更深入理解"绿色革命"促进印度农业的全面发展，并在此基础上推动了农业综合发展指数的提高。

2. 农业综合发展指数的提高

随着印度粮食产量的大幅增长，印度农业发展指数也持续提高。印度农业年平均增长率明显高于"绿色革命"前，尤其是农作物单产的年平均增长率。

表 3.1.10　印度农业年平均增长率　　　　　　　　（单位：%）

名称	1951—1952 年至 1964—1965 年	1964—1965 年至 1978—1979 年
粮食作物：面积 产量 单产	1.5 3.1 1.5	0.5 2.7 2.0
经济作物：面积 产量 单产	2.4 3.3 1.0	0.6 2.3 1.2
全部作物：面积 产量 单产	1.7 3.2 1.4	0.6 2.6 1.7

资料来源：李了文、李德昌、何承金，等：《印度经济》，人民出版社，1982，第34页。

从上表的农业年平均增长率的数据可知，1951—1952 年到 1964—1965 年的农作物面积年平均增长率为 1.7%，作物总产量年均增长率为 3.2%，均高于 1964—1965 年到 1978—1979 年的 0.6% 和 2.6%。这说明"绿色革命"前印度粮食总产量的增长率是由于扩大种植面积，而非农业生产率的提高。而反映农业生产率的核心指数是单产的增长率，因为种植面积的增长受可耕地面积所限。印度的单产年平均增长率从 1.4% 提高到 1.7%。

表 3.1.11 印度农业劳动生产率增长情况   （单位：%）

时期		劳动生产率
按阶段分期	1949—1950 到 1964—1965	1.2
	1949—1950 到 1975—1976	1.6
	1964—1965 到 1975—1976	2.0
按五年计划分期	1950—1951 到 1955—1956	1.9
	1955—1956 到 1960—1961	2.3
	1960—1961 到 1965—1966	−2.2
	1965—1966 到 1968—1969	5.4
	1968—1969 到 1973—1974	1.7

资料来源：*Indian Indian Business*,August 13,1977.

印度农业劳动生产率在"绿色革命"前的 1949—1950 到 1964—1965 年间为 1.2%，而"绿色革命"开始到 1975—1976 年度则为 2.0%，明显高出 0.8 个百分点。如果从五年计划来看，"三五"计划期间农业劳动生产率为 −2.2%，农业呈现严重危机，才促成了"绿色革命"的实施。"绿色革命"后的"四五"计划的农业劳动生产率则高达 5.4%。

表 3.1.12 1966—1982 年印度农业部门 MSR 指数变化   （单位：百万吨）

年份	净产量	净产量指数（NP）	国内收购量	国内收购量指数（IP）	MSR 指数（IP/NP）
1966	63.3	100.0	4.0	100.0	100.0
1967	65.0	102.7	4.5	112.5	109.5
1968	83.2	131.4	6.8	170.0	129.4
1969	82.3	130.0	6.4	160.0	123.1
1970	87.1	137.6	6.4	160.0	116.3
1971	94.9	149.9	8.9	222.5	148.4
1972	92.0	145.3	7.7	192.5	132.5
1973	84.9	134.1	8.4	210.0	156.6
1974	91.6	144.7	5.7	142.5	98.5
1975	87.4	138.1	9.7	242.5	175.6
1976	105.9	167.3	12.9	322.5	192.8

续表 3.1.12

年份	净产量	净产量指数（NP）	国内收购量	国内收购量指数（IP）	MSR 指数（IP/NP）
1977	97.3	153.7	10.6	265.5	172.4
1978	110.6	174.7	11.1	277.5	158.8
1979	115.4	182.3	13.8	345.0	189.2
1980	96.0	151.7	11.2	280.0	184.6
1981	113.4	179.1	13.0	325.0	181.5
1982	116.6	184.2	15.4	385.0	209.0

资料来源：Bharadwaj Krishna,*Agricultural Price Policy for Growth:the Emerging Contradictions*,in Terence J.Byres(ed.),1998,pp.229-231.

1966—1982 年，印度农业部门的 MSR 指数大幅增长。农业净产量指数此间增长 84.2%，国内收购量指数更是猛增 285%，MSR 指数也激增 109%。这些指数的大幅增长表明印度农业安全保障得到了提高，并且农产品的商品化与市场化也获得相应提升。

全要素生产率指数（TFPI），即产出指数与投入指数的比率，其变化是对技术变化影响的衡量。旁遮普的部分生产率和全要素生产率指数的变化可以反映印度农业综合发展指数的提高。

表 3.1.13　旁遮普部分农业生产率和全要素生产率指数的趋势

	时间段				趋势
	1972—1975 年	1976—1979 年	1980—1983 年	1984—1987 年	1972—1987 年
部分生产率					
土地（千克/公顷）	25	24	28	32	2.32
劳力（千克/小时）	39	42	58	60	4.03
化肥（千克/千克）	25	20	17	19	−2.03
全要素生产率					
投入指数	92	96	93	100	0.57
产出指数	95	91	107	122	2.32
TFP 指数	104	95	115	122	1.75
已校正 TFPI	102	89	102	110	1.05

资料来源：D.S.Sidhu and Derek Byerlee,*Technical Change and Wheat Productivity in Post-Green Revolution Punjab*,Economic and Political Weekly,Dec.28,1991,Vol.26,No.52,p.166

旁遮普的土地、劳力的部分生产率从 1972—1975 年间的 25 千克 / 公顷和 39 千克 / 小时，分别增加到 1984—1987 年间的 32 千克 / 公顷与 60 千克 / 小时，分别增长 28% 与 53.85%。而二者在 1972—1987 年间趋势分别为 2.32 千克 / 公顷与 4.03 千克 / 小时。另外，农业投入指数从 92 增加到 100，产出指数从 95 增加到 122 个，全要素生产率从 102 增加到 110，表明产出远高于投入。

表 3.1.14　印度"绿色革命"前后国内农业总资本形成率
（占按当时市场价格计算的 GDP 的百分比）　　单位：%

时期	年度	总计（调整后）	总计（调整前）	公共部门	私人部门
"绿色革命"前	1961—1962	14.2	15.6	6.7	8.9
	1962—1963	15.8	16.5	7.8	8.7
	1963—1964	15.4	16.6	7.9	8.7
	1964—1965	15.1	16.4	7.9	8.6
	1965—1966	16.8	16.9	8.5	8.5
"绿色革命"中	1966—1967	18.4	18.0	7.2	10.8
	1967—1968	15.4	16.5	6.7	9.8
	1968—1969	13.9	15.1	5.9	9.2
	1969—1970	15.6	16.0	5.6	10.4
	1970—1971	16.6	17.1	6.5	10.6
	1971—1972	17.3	18.5	7.1	11.4
	1972—1973	15.9	17.1	7.3	9.8
	1973—1974	19.1	18.3	7.7	10.6
	1974—1975	18.3	19.8	7.6	12.2
	1975—1976	18.8	20.8	9.6	11.2
	1976—1977	19.7	20.9	10.1	10.8
	1977—1978	19.5	19.8	8.2	11.6
	1978—1979	23.3	22.3	9.5	12.8
	1979—1980	22.1	22.9	10.3	12.5

续表3.1.14

时期	年度	总计（调整后）	总计（调整前）	公共部门	私人部门
"绿色革命"后	1980—1981	22.7	22.8	10.3	12.5
	1981—1982	22.6	25.7	11.1	12.5
	1982—1983	20.8	23.5	11.5	14.6
	1983—1984	20.8	22.3	10.6	11.6
	1984—1985	20.1	22.4	11.5	10.9

资料来源：Ahluwalia,Isher Judge,'*The Contribution of Planning to Indian Industrialisation*',in Terence J.Byres(ed.),1998,pp.287-288.

从上表中数据可知，"绿色革命"前的1965—1966年度印度农业总资本形成率为16.8%，到1984—1985年度的20.1%，增加3.3个百分点，与"绿色革命"中最高的1978—1979年度的23.3%相比，则增加6.5个百分点。公共部门从8.5%增长到11.5%，增加3个百分点，私人部门则从8.5%增长到10.9%，增加2.4个百分点，但与最高的1982—1983年度的14.6%相比，增加6.1个百分点。公共部门自1965—1966年度开始到1974—1975年度一直呈现下降趋势，而私人部门则一直稳中有升。说明私人部门在印度农业总资本形成率提升中贡献越来越多，最终与公共部门接近，实现了农业公私部门综合、均衡的发展。

总而言之，"绿色革命"推动了粮食产量大幅上涨与农业综合发展指数提升，促进了印度农业全面发展。下表从固定投资、增量资本－产出率、投资构成、现代投入占比等各个方面概括了"绿色革命"期间印度农业全面发展情况。

表 3.1.15 "绿色革命"期间印度农业发展概况

项目	单位	1950—1951年	1960—1961年	1970—1971年	1980—1981年
固定投入					
耕牛	每千公顷总播种面积数（头）	0.5	0.5	0.5	0.5
拖拉机	每千公顷总播种面积数（台）	0.1	0.2	0.9	2.7
电动水泵	每千公顷总播种面积数（套）	1.0	16.8	52.0	59.8
柴油水泵	每千公顷总播种面积数（套）	2.7	19.1	50.1	56.0
增量资本－产出率		1.8	2.4	3.7	3.0
总固定资本形成	千万卢比		1777	2884	4864

续表 3.1.15

项目	单位	1950—1951 年	1960—1961 年	1970—1971 年	1980—1981 年
公共投资	千万卢比		589	789	1892
私人投资	千万卢比		1188	2095	2972
投资构成					
（a）土壤改良	%	37.8	35.3	18.5	14.9
（b）灌溉设施	%	29.9	26.8	27.1	25.9
（c）农场建筑	%	8.9	9.3	10.6	12.7
（d）机器与机具	%	23.3	28.6	43.8	46.6
化肥	千克/公顷		1.9	13.1	31.8
电力	百万千瓦	203	833	4470	14489
	千瓦时/千卢比农业 GDP	0.9	2.6	11.1	31.1
灌溉					
净灌溉面积	百万公顷	20.9	24.7	31.1	38.7
（a）灌渠	%	39.8	42.1	41.3	39.5
（b）水塘	%	17.3	18.5	13.2	8.2
（c）管井	%	28.7	29.6	38.2	45.7
总灌溉面积	百万公顷	22.6	28.0	38.2	49.8
HYV 播种面积	占总播种面积 %	0.0	0.0	9.3	24.9
机构信贷	卢比/千卢比农业 GDP	49.8	281.5	516.9	726.5
现代投入所占比重					
（a）占总投入	%	1.1	2.9	13.5	21.5
（b）产出	%	0.3	0.7	3.3	7.1
增量产出 - 投入比		6.9	6.3	3.2	1.7
备忘项目					
（a）总播种面积	百万公顷	132	153	166	173
（b）农业国内生产总值	千万卢比	23741	31995	40214	46649

资料来源：Rao,J.Mohan and Servaas Storm,*"Distribution an Growth in Indian Agriculture"*,in Terence J.Byres (ed.),1998b,pp.210-211.

固定投资中，耕牛的投入自 1950—1951 年度到 1980—1981 年度基本没有改变，但现代农具拖拉机、电动水泵和柴油水泵则分别从 0.1、1.0 和 2.7 增加到 2.7、59.8 与 56，分别增长 27 倍、59.8 倍和 20.74 倍。增量资本 - 产出率从 1.8 增加到 3.0，增长 167%。现代投入占总投入比重从 1.1% 增加到 21.5%，增长 20.4 百分点，现代投入占产出的比重也从 0.3% 增长到 7.1%，增加 6.8 个百分点。

二、农村基础设施建设

印度通过增加粮食和其他作物的产量，使绿色革命取得了成功，但农村卫生和教育设施发展相对滞后。因此，印度政府开始重视发展农村社会投入，如运输能源、健康卫生、教育基础设施等的建设。

表 3.1.16　旁遮普农村基础设施投资　　　　　　（单位：千万卢比）

项目 时期	"四五" 计划	"五五" 计划	"六五" 计划	"七五" 计划
农业（包括林业）	1554.0	767.6	966.7	1711.4
牧业、乳业、渔业	75.7	92.1	246.6	377.6
农村给水	144.5	171.4	829.0	889.2
灌溉	591.1	827.9	2856.7	3491.1
农村发展	56.7	108.4	424.7	752.4
农村能源	735.2	1062.3	3415.5	7972.0
农村交通	296.5	402.3	570.4	711.9
农村教育	107.1	137.5	241.3	526.7
农村技术及职业培训	4.2	8.3	18.5	96.6
农村健康医疗	25.0	45.1	258.6	290.2
农村社会福利	35.8	91.4	186.8	294.9
农村整体支出	2240.1	3714.3	10017.8	17116.0
农村支出占比	52.28%	51.64%	52.44%	48.26%
总计划支出	4284.8	7191.7	79060.6	35453.8

资料来源：*Punjab Government Data Center,*1970-1990.

以 "绿色革命之星" 旁遮普为例，其农业计划总支出从 "四五" 计划的 428.48 亿卢比增加到 "七五" 计划的 3545.38 亿卢比，猛增 724.43%。其中交通能源从 130.17 亿卢比增加到 868.30 亿卢比,激增 567.05%;健康医疗从 2.5 亿卢比增加到 29.02 亿卢比,增长 1060.8%;教育培训从 17.43 亿卢比增加到 62.33 亿卢比,增长 257.6%。

1. 交通运输

"绿色革命"开始后,印度乡村传统的运输条件远远不能满足农业快速发展的需要,大量的剩余农产品需要转运出去,而与农业相关的工业品,如化肥农药、农机具等的输入也要求良好的道路交通运输条件。1959 年,印度中央政府及各邦的总工程师在海得拉巴通过了海得拉巴计划,即在 20 年内建设铺面公路 40.3 万千米,未铺面公路 64.8 万千米。同时,在农业发达地区每村建设 6 千米碎石公路及 2.5 千米的其他公路。"七五"计划尤其强调农村交通运输的建设。"由于国家的经济本质上仍然是农业经济,居住格局以农村为中心,因此,公路是交通运输基础设施的重要组成部分。"① 对印度来说,铁路运输更针对城市和工业,而公路则更适合乡村与农业。公路更方便、灵活和快捷,适合短途运输,可以帮助农民将农产品,尤其是水果和蔬菜等迅速派送到集市和附近城镇,形成稳定的农产品销售市场系统,同时公路运输还可以让农民减少对牵引牲畜的传统依赖。所以,印度政府逐渐扩大对各类公路发展及公路运输的投资。

表 3.1.17　印度各个五年计划公路建设投资　（单位：亿卢比）

时期	金额
"一五"计划	13.5
"二五"计划	22.8
"三五"计划	83
"四五"计划	190
"五五"计划	209
"六五"计划	463

资料来源：根据 *The Seventh Five-Year Plan(1985-1990)* 整理而成。

印度政府对公路的投资持续增加,从"一五"计划的 13.5 亿卢比增加到"六五"计划的 463 亿卢比,猛增约 33.3 倍,印度公路建设取得了巨大成就。

① 鲁达尔·达特、K.P.M. 桑达拉姆:《印度经济》,雷启淮等译,四川大学出版社,1994,第 563 页。

表 3.1.18　印度公路建设成就　　　　　　　　　（单位：万千米）

类别	1950—1951 年	1970—1971 年	1984—1985 年
铺面公路	16.0	42.0	83.0
未铺面公路	24.0	54.0	94.0
总计	40.0	96.0	177

资料来源：*The Seventh Five-Year Plan(1985-1990).*

　　独立初，印度只有 40 万千米公路，主要是英属印度时期修筑的简易公路，其中铺面公路与未铺面公路之比为 2 : 3，在总里程中分别占比 40% 与 60%，未铺面公路占大多数。到 1984—1985 年度，公路里程增加到 177 万千米，激增 342.5%。其中铺面与非铺面分别增加到 83 万千米和 94 万千米，分别猛增 418.75% 与 291.67%，其中铺面公路增长更加迅速，二者此时之比约为 4 : 5，分别占公路里程总数的 46.89% 与 53.11%，说明标准等级公路里程增加更快，公路运输运力迅猛增加。

　　印度各邦政府也加大了对农村交通运输的投资，尤其是中央邦、旁遮普邦与北方邦，年投资均在 70 亿卢比以上，中央邦甚至达到 123 亿卢比。

表 3.1.19　印度农业及运输相关部门资本支出　　　（单位：千万卢比 / 年）

邦名	金额
安德拉	388
阿萨姆	119
比哈尔	395
古吉拉特	384
哈里亚纳	189
喜马偕尔	46
查谟与克什米尔	176
卡纳塔克	328
西孟加拉	146
喀拉拉	152
中央邦	1233
马哈拉施特拉	545
奥里萨	330

邦名	金额
旁遮普	738
拉贾斯坦	270
泰米尔纳德	122
北方邦	764

备注：按1993—1994年固定价格计算。

资料来源：Poonam Singh,*Trends of Public and Private Investment in Indian Agriculture:an Inter State Analysis*,Journal of Humanities and Social Science,Vol.19.11(Nov.2014),pp.48-58.

旁遮普邦大量小麦、大米和其他农产品要从村庄转移到市场，这需要更好的道路系统将村庄与市场连接起来。在这方面，国家农业营销委员会发挥了重要作用，将村庄与市场和城镇联系起来。这在"绿色革命"开始后是可能的，因为增加的市场盈余使旁遮普邦营销委员会在1982—1983年间的收入上升到2140万卢比，而1970—1971年间的收入为755万卢比。因此，该委员会在1982—1983年间规划了1735万卢比用于道路连接。目前，旁遮普97.5%的村庄通过交通道路连接，除了可以帮助农民将农产品运往市场外，还有利于形成规范市场。

表3.1.20 旁遮普邦受监管市场的数量

年度	受监管市场数量	被监管市场相关的分场数量	受监管市场平均服务的村庄数量	受管制市场平均服务面积（平方千米）	采购中心总数
1966—1967	88	154	139	573	88
1982—1983	125	503	98	402	650
1983—1984	130	509	94	387	720
1984—1986	130	511	94	387	950

资料来源：*Punjab State Agricultural Marketing Board.*

随着公路运输的发展，公路服务业规范起来，各邦都采取公路运输国有化。到1885年，全印有53个邦级公路运输公司，公共汽车7.9万辆，总资产达到280多亿卢比，直接就业150多万人，日运输乘客1100多万人次。

2. 卫生机构

在卫生机构方面，农村地区，尤其是药房的卫生机构数量显著增加。以旁遮普邦为例，农村地区的医疗机构总数，包括医院、初级保健中心和药房，从

1966 年的 275 家增加到 1971 年的 308 家，再到 1976 年的 588 家和 1981 年的 1509 家。1985 年，医疗机构的总数进一步增加到 1792 家。这些机构分为医院、PHC（初级保健中心）和药房，在"绿色革命"中均呈现出增加的趋势。医院的数量从 1966 年的 8 家增加到 1971 年的 11 家，1976 年的 18 家，1981 年的 110 家，在 1976—1981 年间有了很大的飞跃。药房也出现了类似的趋势。PHC 的数量从 1966 年的 95 家增加到 1976 年的 114 家，但由于少数 PHC 的地位提高变成医院，因此 1981 年减少到 110 家。

表 3.1.21 地区卫生机构数量

年度	农村				城市			
	医院	PHC	药房	总计	医院	PHC	药房	总计
1966	8	95	172	275	98	25	98	221
1971	11	112	185	308	111	14	103	228
1976	18	114	456	588	122	14	124	260
1981	110	110	1289	1509	144	19	196	359
1985	112	111	1569	1792	146	19	221	386

资料来源：1. *Social and Educational Statistics of Punjab*, 1978.

2. *Social and Educational Statistics of Punjab*, 1985.

在这一点上，同样重要的是看到城市地区医疗机构数量的增加。从数据可以看出，与城市地区相比，农村地区的医疗机构数量增加更多。在城市地区，大量私人医院和药房正在运营，这可能是农村地区与城市地区相比增加更多的原因。

就卫生机构数量的百分比增长而言，从上表中可以观察到，1976—1981 年间，农村和城市地区的总体百分比增长更大，分别为 56.6% 和 45.8%。之后，农村和城镇地区的百分比增长分别降至 18.8% 和 7.5%。这表明，在 1976—1981 年期间，旁遮普尽最大努力增加医疗基础设施。与城市地区相比，重点似乎集中在农村地区。虽然在 1971—1976 年间，卫生机构的比例有所增加，但没有之后 5 年增长的那么多。

表 3.1.22　卫生机构数量增加　　　　　　　　　　　（单位：%）

年度	农村				城市			
	医院	PHC	药房	总计	医院	PHC	药房	总计
1966—1971	37.5	17.9	7.5	12.0	13.3	-44.0	5.1	3.1
1971—1976	63.7	1.8	151.8	90.9	2.9	无	20.4	14.3
1976—1981	511.1	-3.5	182.7	156.6	18.03	33.7	58.07	45.8
1981—1985	1.8	0.9	21.7	18.8	1.4	无	12.7	7.5

资料来源：1. *Social and Educational Statistics of Punjab*,1978.

2. *Social and Educational Statistics of Punjab*,1985.

表 3.1.23　每个卫生机构服务的人口

年度	农村		城市	
	卫生机构数量	服务人数	卫生机构数量	服务人数
1966	275	31209	221	11551
1971	308	33555	228	14106
1981	1509	8046	359	12949

资料来源：1. *Social and Educational Statistics of Punjab*,1978.

2. *Social and Educational Statistics of Punjab*,1985.

一方面，数据显示，在 1981—1985 年，农村地区的医院仅仅增加了 1.8%，无论是在农村还是城市地区最大增长是在 1976—1981 年间。关于 PHC，1966—1971 年期间和 1971—1976 年期间的增幅分别为 17.9% 和 1.8%，另一方面，在 1966—1971 年间，城市地区的 PHC 数量大量减少，在 1971—1976 年和 1981—1985 年间，PHC 数量没有增加。从表中还可以看出，1976—1981 年期间，农村地区和城市地区的药房增长率最高。但农村地区（182.7%）的增长率高于城市地区（58.07%），是城市地区的 2 倍多。即使在 1971—1976 年期间，农村地区的药房数量也净增加了 151.8%，而城市地区仅为 20.4%。因此，可以推断，在 1976—1981 年间，政府作出了一致努力，为那些在"绿色革命"中取得成功的人提供更好的卫生基础设施。

此外对农村地区医疗设施发展的重视一方面，是在 1971—1976 年期间开始的，也是以由 ANM（助理护士和助产士）或护士管理的药房的形式出现的。这类药房的医生进行不定期的检查。国家数据显示，人均药品消费量从 1966—

1967 年的 0.77 卢比增加到 1977—1978 年的 1.78 卢比，城市医院中来自农村地区的门诊患者数量相当高，因为农村地区的医院数量仍然较少，医生不愿意留在这些地区，因为他们大多数来自城市地区。如果计算每个医疗机构的人数，据表 3.1.23 知，可以发现 1981 年每个城市医疗机构有 12949 人，而在农村地区，每个医疗机构只有 8046 人。这是因为在农村地区，药房数量相当高，在 1509 家医疗机构中，有 1289 家药房。另一方面，在 359 个卫生机构中，市区有 144 家医院和 196 家药房。在农村地区，由于有大量的药房，数据存在偏差；在城市地区，除了政府卫生机构之外，还有大量的私立医院和诊所，因此数据存在偏差。另外，1984 年，一份关于地区发展中的社会投入的报告提出，私人乡村从业者应该由政府卫生机构投入，以改善卫生服务体系。

简而言之，农村地区的卫生基础设施有了巨大的增长，因此每个医疗机构服务的人数都有所下降。到"绿色革命"实施后，印度农村大体已经建立起基层医疗机构与卫生服务系统。

3. 教育培训

旁遮普邦的识字率从 1961 年的 26.7% 上升到 1971 年的 33.7%，到 1981 年增加到 4086%。在农村地区，识字率也从 1961 的 20.42% 上升到 1971 年的 27.8%，1981 年升至 35.21%。与此同时，研究报告称，农民渴望让他们的儿子和女儿接受高等教育，这是因为他们从"绿色革命"中获得了更高的经济收益。因此，检查那些使"绿色革命"取得成功的人的教育设施状况变得很重要。

就农村地区公认机构的数量而言（以旁遮普农村为例），学校和学院的数量有所增加。农村地区的大学数量从 1966—1967 年的 27.69% 增加到 1983—1984 年的 35.76%。同样，初中与高中的数量也从 1966—1967 年的 55.23% 增加到了 1983—1984 年的 73.90%。因此，中学的数量增长率远比大学增长率高。由于小学的升级，其数量在 1966—1967 年和 1983—1984 年间略有减少。此外，在 1966—1967 到 1977—1978 年间，初中和高中的入学人数大幅增加，尤其是高中。但在 1976—1977 年和 1983—1984 年期间，初中和高中的入学率分别从 91.38% 大幅下降到 76% 和 64.38% 降低到 52.07%。在 1976—1977 年和 1983—1984 年间，大学的入学率也从 20.75% 下降到 19.02%，尽管在 1966—1967 年和 1976—1977 年间有相当大的增长。似乎有一个合理的解释是，由于"绿色革命"开始后，农民获得更高的经济收益，他们可能更愿意在城市的私立学校而不是公立学校为他们的孩子提供教育。一方面，富裕的农民把他们的孩子送到城市接受教育，另一方面，中产阶级和穷人则不愿意把孩子送到学校接受教育，尤其是女性。在表列种姓中，男性和女性都不愿意接受教育。此外，农场的工资增加，特别是在播种和收割期间，这阻碍了年轻一代，尤其是农村贫困人口的入学。事实上，更高的工资激励他们做农场工人。农民因为教育无法满足他们在职业方面激发愿望而缺乏意识和主动性，这可能是初中和高中入学人数大幅下降的原因。

表 3.1.24　旁遮普农村地区的教育机构数量和注册量　　（单位：个）

机构数量	1966—1967 年		1976—1977 年		1983—1984 年	
	数量	注册	数量	注册	数量	注册
小学	6562（93.72）	752748（85.07）	9067（92.87）	1050094（86.18）	11384（91.84）	154590（86.92）
初中	785（90.65）	214364（79.96）	1505（93.13）	488551（91.38）	1300（91.48）	123868（76.00）
高中	565（55.23）	229812（33.50）	1159（69.65）	734893（64.38）	1846（73.90）	539856（52.07）
大学	18（27.69）	8439（16.71）	58（36.71）	23654（30.75）	59（35.76）	25303（19.02）

备注：括号内的数字是百分比（%）。

资料来源：1. *Social and Educational Statistics of Punjab*,1978.

2. *Social and Educational Statistics of Punjab*,1985.

农村和城市地区之间数据的进一步分析表明，农村地区小学、初中和高中的数量比城市地区增加得更多，而大学的情况则相反。这表明，与农村地区相比，高等教育机构更集中在城市地区。换句话说，农村学生必须留在城市接受高等教育。这是注册机构的情况，但在城市地区还存在生意较好、数量比注册机构更多的私营机构。

表 3.1.25　区域教育机构数量的增长

机构数量	1966—1967 年和 1976—1977 年间增长			1976—1977 年与 1983—1984 年间收入		
	农村	城市	总计	农村	城市	总计
小学	2505	256	2761	2317	316	2633
初中	720	30	750	−205	10	−195
高中	594	47	641	687	147	834
大学	40	53	93	1	6	7

资料来源：1. *Social and Educational Statistics of Punjab*,1978.

2. *Social and Educational Statistics of Punjab*,1985.

此外，所有医学院和大多数工程、理工和工业培训机构都位于城市地区。这意味着农民被削弱了享受专业教育设施的机会。这些专业院校的实际录取人数表明，医学和工程学院的总录取人数主要来自城市地区。在理工学院和工业培训机构中，与城市学生相比，农村学生的入学人数非常少。这表明，通过"绿色革命"提高了农民的希望，但没有为满足他们的教育愿望作出相应准备。教育和就业之间缺乏联系，对那些希望服务但没有工作的受教育青年造成了严重影响，因此农村辍学人数增加。值得注意的是，政府支出更多地用于农业生产发展，而非教育、卫生和环境卫生方面的发展。旁遮普邦在农村教育与培训方面走在印度各邦前面。

表 3.1.26　旁遮普医疗、工程和工业培训机构（ITI）的区域性数量

年度	医学院			工程学院			理学院			ITI		
	农村	城市	总计	农村	城市	总计	农村	城市	总计	农村	城市	总计
1971—1972	无	4	4	无	2	2	1	7	8	1	26	27
1974—1975	无	5	5	无	2	2	1	7	8	1	26	27
1976—1977	无	5	5	无	2	2	1	7	8	3	26	29
1977—1978	无	5	5	无	2	2	1	7	8	3	26	29
1983—1984	无	5	5	1	2	3	2	7	9	16	22	38

资料来源：1. *Social and Educational Statistics of Punjab*,1978.

2. *Social and Educational Statistics of Punjab*,1985.

旁遮普地区农村中工程学院从无到有，1983—1984 年度才建立了第一所学院。理学院则从 1 所增加到 2 所，工业培训机构则从 1 家猛增到 16 家。而城市则几乎没有增加，甚至还有所减少。

表 3.1.27 旁遮普医疗、工程和工业培训机构（ITI）的地区实际入学人数

年度	医学院			工程学院			理学院			ITI		
	农村	城市	总计	农村	城市	总计	农村	城市	总计	农村	城市	总计
1971—1972	无	399	399	无	255	255	120	926	1046	220	8653	8873
1974—1975	无	400	400	无	369	369	123	997	1120	220	8652	8872
1976—1977	无	400	400	无	360	360				412	11264	11676
1977—1978	无	400	400	无	360	360	111	855	966	412	11360	11772

资料来源：*Social and Educational Statistics of Punjab*, 1978.

从入学人数来看，工业培训机构从 1971—1972 年度的 220 人增加到 1977—1978 年度的 412 人，增幅明显。总而言之，医疗卫生与教育培训的快速发展，与旁遮普对农村发展计划的持续投入有关。

表 3.1.28 旁遮普省主要项目下农村发展计划的政府支出 　　　（单位：10 万卢比）

项目	1965—1966	1970—1971	1975—1976	1976—1977	1977—1978	1978—1979	1979—1980	1980—1981	1981—1982	1982—1983
街区总部	63.94	99.17	167.43	156.00	171.00	181.01	197.04	251.89	239.42	321.54
畜牧业 & 农业	25.62	6.64	—	—	—	—	—	—	—	—
灌溉	3.09	0.34	1.74	1.84	1.93	2.14	2.56	—	—	—
健康 & 农村卫生	6.86	5.62	74	10.94	10.77	10.71	11.80	11.70	11.80	11.99
教育	5.20	5.80	9.15	10.18	10.54	11.50	11.80	11.73	11.80	11.80
社会教育	6.08	5.66	17.53	17.12	19.52	16.81	22.77	24.98	24.29	27.59
通信	5.57	5.62	10.97	11.11	11.16	11.42	11.80	11.70	11.21	11.88
农村工艺美术	8.98	9.46	11.29	—	—	—	—	—	—	—
街道与排水沟	—	—	47.15	77.74	35.00	53.00	62.50	450.00	854.35	460.00

续表 3.1.28

项目	1965—1966	1970—1971	1975—1976	1976—1977	1977—1978	1978—1979	1979—1980	1980—1981	1981—1982	1982—1983
污水处理和卫生	—	—	—	6.50	6.00	6.00	—	—	—	—
妇女和学龄前儿童创作计划	—	—	9.92	0.50	1.10	4.30	1.80	5.50	5.50	5.50
示范村建设	—	—	—	15.87	15.00	4.21	7.35	10.00	5.00	10.00

资料来源：*Rural Development Deptt. Punjab*,1983. 有删减。

健康与农村卫生的投入从"绿色革命"前的 1965—1966 年度的 68.6 万卢比增加到 1982—1983 年度的 119.9 万卢比，增长 74.78%。而教育方面的投资则从 112.8 万卢比增加到 448.9 万卢比，增长 297.96%。旁遮普的农业医疗卫生与教育培训提高了基层农民的卫生观念、健康意识，也提升了他们的教育水平。

三、农民收入增长与贫困率下降

农业长久以来都是印度重要的生产部门，但生产力低下，农业生产率增长缓慢，甚至停滞，农村落后面貌长期无法改变，农民的收入水平也一直不能够提高。1950—1951 年度，印度农业工人家庭平均年收入仅 447 卢比，1965—1966 年度因为大旱，收入甚至下降到 437 卢比。"绿色革命"开始后，生产率快速提高，农产品大量剩余，奠定了农民收入增长与贫困率下降的基础。

1. 农民收入与消费增长

从国家的角度来看，市场盈余对于建立缓冲库存以满足全年消费者的需求非常重要。而对农民个人来说，市场盈余则可以增加农产品生产者的收入与消费。下面以旁遮普邦的小麦与稻谷的市场盈余为例。

表 3.1.29　旁遮普邦小麦和稻谷的生产和销售盈余

年度	产量（10 万吨）		销售盈余（10 万吨）		市场盈余占产量的百分比	
	小麦	水稻	小麦	水稻	小麦	水稻
1967—1968	33.35	6.12	8.52	3.71	34.76	60.62
1970—1971	51.43	10.32	31.21	8.46	63.99	81.98
1975—1976	58.09	21.75	30.45	18.36	57.60	84.41
1980—1981	76.74	48.42	39.24	43.09	51.63	88.99
1981—1982	84.00	56.25	48.88	51.30	63.70	91.02
1982—1983	93.00	63.69	52.00	56.00	61.90	90.00
1984—1985	101.76	75.60	50.56	67.00	53.99	86.10
1986—1987	108.00	85.00	67.50	75.00	62.50	88.24

资料来源：*statistical abstracts Punjab*,1988.

旁遮普小麦的市场盈余从 1967—1968 年间的 34.76% 增加到 1981—1982 年间的最大值 63.70%。水稻的相应数字分别为 60.62% 和 90%（1982—1983 年）。1986—1987 年，小麦和稻谷的市场盈余分别增加到 675 万吨和 750 万吨。这么大的市场盈余增长，必然会增加农民的货币收入与日常消费。

表 3.1.30　印度部分邦农民人均收入 　　　　　　　　　（单位：卢比）

邦名	1980—1981 年	1985—1986 年	1988—1989 年
安德拉	1380	1552	1689
古吉拉特	1951	2049	2631
哈里亚纳	2370	2778	3160
卡纳塔克	1612	1723	2041
马哈拉施特拉	2427	2710	2026
泰米尔纳德	1498	1823	2030
旁遮普	2675	3167	3421
全印	1630	1852	2078

资料来源：Rajendra Vora,*Socio Economic Profile of Rural Indian:North-Central and Western India*,Concept Publishing Company,New Delhi,2005,p.161.

印度农民的年人均收入从 1980—1981 年度的 1630 卢比增长到 1988—1989 年度的 2078 卢比，增加 448 卢比，增长 27.48%，平均年增长 3.435%。其中，古吉拉特增长 34.85%，哈里亚纳增长 33.29%，旁遮普增长 27.88%，年均分别增长 4.356%、4.16% 与 3.485%，均大于全印平均增长水平。哈里亚纳与旁遮普的增长质量更高，因为地处"绿色革命"核心区，原本农业发展水平相对较高，农民收入水平也高于全印，并能持续增长，继续领先，实属难能可贵。

随着全印农民人均收入的快速增加，各邦乡村的消费支出也相应增加，并逐渐接近城市消费水平。

表 3.1.31　印度各邦城乡平均消费支出 （单位：卢比）

邦 / 年份		1967—1968	1972—1973
安德拉邦	城市	40.71	56.32
	乡村	30.64	39.79
阿萨姆邦	城市	61.51	60.75
	乡村	41.62	41.67
比哈尔邦	城市	44.32	59.91
	乡村	32.97	41.20
卡纳塔克邦	城市	37.99	57.89
	乡村	31.64	44.53
喀拉拉邦	城市	34.37	58.27
	乡村	28.30	42.19
中央邦	城市	40.25	61.88
	乡村	31.30	40.72
旁遮普邦	城市	47.94	77.88
	乡村	44.96	74.62
哈里亚纳邦	城市	—	69.88
	乡村		70.07
西孟加拉邦	城市	51.56	68.23
	乡村	29.64	38.45

备注：表中数据是 30 天人均支出；1966 年哈里亚纳从旁遮普分出。

资料来源：Edwin S. Mills,Charles M.Becker,*Studies in Indian Urban Development*,World Bank Research Publication,Washington D.C.,1977,pp.180-182.

从上表印度城乡平均消费支出的数据可以看出，各邦乡村的平均消费支出持续增长，并且增长率几乎均高于城市，这表明城乡平均消费支出水平的差距在不断缩小，其中旁遮普和哈里亚纳更加典型。旁遮普的城乡平均消费支出的差距几乎可以被忽略，而哈里亚纳乡村的平均消费支出已经高于城市了。下面就以旁遮普邦的农业工人群体作为个案考察印度农民收入与消费情况。

表 3.1.32　旁遮普邦关农工业的产量和就业

年度	粮食生产		稻米脱壳机		糖		棉花		农业机具		化肥	
	产量	就业	产量	就业	产量	就业	产量	就业	产量	就业	产量	就业
1965—1966	—	—	—	—	697	4134	—	—	2	23945	—	—
1970—1971	—	—	280	638	788	4645	4257	24136	2161	25535	1153	3413
1975—1976	25782	2338	8063	4076	2069	4408	13197	23597	4207	23766	2683	3738
1980—1981	50589	37696	15143	11938	2166	5178	28886	56151	9808	34375	12002	4899
1981—1982	55889	43405	16043	12831	5503	6081	33378	64860	10639	41209	19919	5006
1982—1983	62210	48504	18010	13910	5710	6210	37771	74320	18740	48401	28410	5310
1983—1984	69223	53538	19020	12840	5710	6209	—	—	24472	54710	34210	5590

备注：产量以 10 万卢比计。就业单位：人。

资料来源：*Statistical Abstracts of Punjab*,1986.

很明显，"绿色革命"开始后，农业单位产量显著增加，就业工人数量也大幅增加。以糖和农业机具为例，1965—1966 年度产量分别为 6970 万卢比与 20 万卢比，增加到 1983—1984 年度的 5.71 亿卢比和 24.472 亿卢比，分别增长 8.2 倍与 12236 倍，而就业数量从 4134 人与 23945 人增加到 6209 人和 54710 人，分别增长 50.19% 与 128.48%。表明随着关农工业产量的大幅增长，就业数量也大幅增长，推动了农业和工人工资水平的提高。

表 3.1.33 支付给旁遮普邦农业和技术工人的加班工资 　　（单位：卢比／天）

年度	农业工人各种作业的工资						熟练劳动力	
	犁地	播种	除草	收割	摘花	其他农业作业	铁匠	木匠
1961	2.50	2.49	2.65	2.59	2.00	2.49	4.24	4.41
1971	6.62	6.62	6.55	7.94	3.48	6.46	12.31	12.31
1975	8.43	8.58	8.48	10.34	5.44	8.60	14.68	14.68
1981	10.9	12.16	11.46	13.6	10.4	11.71	24.68	24.66
1985	17.33	18.7	17.54	21.42	15.1	18.59	40.77	40.62

资料来源：B.S.Hansra and A.N.shukla,*Social,Economic and Political Implications of Green Revolution in India*,Classical Publishing Company,New Delhi,1991,p.120.

从上表中的数据可以看出，随着时间的推移，农业工人各种作业的工资都有所增加，而熟练劳动力工资增长的幅度远高于非熟练劳动力的工资增长。这表明"绿色革命"也帮助农业工人改善了他们的经济状况。另外，从农业劳动者的工资率增长的幅度也可以观察到旁遮普工资水平的提高。

表 3.1.34 旁遮普农业劳动者工资率（1967—1984 年）

年份	农业工人	熟练工人（卢比／天）
1967	4.24	7.06
1968	4.81	8.45
1969	5.91	10.20
1970	6.10	11.55
1971	6.28	12.31
1972	6.69	13.42
1973	8.50	15.50
1974	9.50	15.50
1975	9.00	15.50
1976	9.50	18.50
1977	10.00	23.00
1978	10.00	23.00
1979	10.50	25.00
1980	11.00	26.00

年份	农业工人	熟练工人（卢比 / 天）
1981	12.40	28.00
1982	13.00	28.00
1983	13.50	30.00
1984	14.50	30.00

资料来源：*Ministry of food and Agriculture,Govt.of India*,1954-1955 to 1983-1984.

与就业相关的另一个显著特征是，随着旁遮普邦劳动力就业的增加，工资率也在上升。例如，在"绿色革命"高涨时期（1967—1973年），农业田间工人和技术工人的工资率增加略多于100%。然而，在随后的几年中，技术工人的工资增长速度高于田间工人。例如，1974—1984年，农业田间工人的工资率每天增加3.50卢比，而熟练工人的工资则每天增加12.50卢比。

随着农业科技的广泛推广，旁遮普农业工人的就业日数也发生了很大变化。男性劳动力与女性劳动力的工资就业日数均小幅下降，分别从235天与153天下降到210天和143天，分别减少25天与10天。而兼职日数则分别从31天和27天增加到36天与36天，分别增加5天与9天。兼职日数的增加可以增加额外的收入，扩大消费。

表 3.1.35 农业劳动家庭每个工人年就业日数的变化 （单位：天）

年份	工资就业			自我兼薪金就业	总就业	休闲日数	
	农业就业	非农就业	合计			失业	合计
男性工人							
1963—1964 年	208	27	235	31	272	48	75
1974—1975 年	185	25	210	36	246	76	103
女性工人							
1963—1964 年	138	15	153	27	183	96	153
1974—1975 年	129	14	143	36	179	124	171
童工							
1963—1964 年	167	35	202	63	280	92	92
1974—1975 年	145	26	171	83	254	107	107

资料来源：Patnaik,Utsa,*The Long Transition:Essays on Political Economy*,Tulika,New Delhi,1999,p.137.

随着就业日数的减少，休闲日数的增加，工资的增长，旁遮普农村的消费也相应提高了，而用电量是消费提升的最直接反映。

表 3.1.36　旁遮普邦年人均电力销售量　　　　　　（单位：千瓦）

年份	家庭用电	商业	工业	公共照明	农业	总量
1970—1971	10.31	8.06	104.90	0.52	34.73	158.52
1980—1981	30.10	8.43	150.91	1.10	111.97	302.51
1990—1991	80.80	16.24	244.74	1.29	254.02	597.09

资料来源：*Punjab Government Data Center*,1970-1990.

旁遮普年人均用电量大幅提高，尤其是家庭用电和农业用电。从 1970—1971 年度到 1990—1991 年度，二者分别增长超过 7.8 倍与 7.3 倍。

2. 农民贫困率的下降

印度经历过漫长的英国殖民统治，传统农业因为服从殖民利益的需求长期发展停滞，甚至倒退。农村经济百业凋零，农民贫困不堪，贫困率高居不下。独立后，尼赫鲁侧重工业发展，忽视农业投入，又加上旱涝灾害频繁，贫困率与贫困度仍然高企，常年维持在 50% 上下，甚至一度超过英属印度时期。1954—1955 年度，印度农村的贫困率甚至高达 64.24%。其后的 1957—1958 年度、1966—1967 年度与 1967—1968 年度，农村的贫困率都在 62% 以上。

表 3.1.37　全国抽样调查组织（NSS）显示的印度绝对贫困状况的变化（1951—1997 年）

NSS 回合	抽查时期	贫困率（%）农村	城市	全国	贫困度（%）农村	城市	全国
3	1951.8—1952.1	47.37	35.46	45.31	16.05	11.14	15.20
4	1952.4—1952.9	43.87	36.71	42.63	14.64	10.91	13.99
5	1952.12—1953.3	48.21	40.14	46.80	16.29	13.25	15.76
6	1953.5—1953.9	54.13	42.77	52.15	19.03	13.83	18.12
7	1953.10—1954.3	61.29	49.92	59.30	21.95	17.24	21.12
8	1954.7—1955.3	64.24	46.19	61.07	25.04	15.76	23.41
9	1955.5—1955.11	51.83	43.92	50.44	18.44	14.65	17.78
10	1955.12—1956.5	48.34	43.15	47.43	15.65	13.34	15.24
11	1956.8—1957.2	58.86	51.45	57.55	19.45	18.16	19.22

续表3.1.37

NSS 回合	抽查时期	贫困率（%）			贫困度（%）		
		农村	城市	全国	农村	城市	全国
12	1957.3—1957.8	62.11	48.88	59.77	21.69	16.31	20.73
13	1957.9—1958.5	55.16	47.75	53.84	19.01	15.95	18.47
14	1958.7—1959.6	53.26	44.76	51.75	17.74	13.75	17.03
15	1959.7—1960.6	50.89	49.17	50.58	15.29	15.83	15.39
16	1960.7—1961.8	45.40	44.65	45.27	13.60	13.84	13.64
17	1961.9—1962.7	47.20	43.55	46.54	13.60	13.79	13.64
18	1963.2—1964.1	48.53	44.83	47.85	13.88	13.29	13.77
19	1964.7—1965.6	53.66	48.78	52.75	16.08	15.24	15.93
20	1965.7—1966.6	57.60	52.90	56.71	17.97	16.82	17.75
21	1966.7—1967.6	64.30	52.24	62.00	22.01	16.81	21.02
22	1967.7—1968.6	63.67	52.91	61.60	21.80	16.93	20.86
23	1968.7—1969.6	59.00	49.29	57.11	18.96	15.54	18.29
24	1969.7—1970.6	57.61	47.16	55.56	18.24	14.32	17.47
25	1970.7—1971.6	54.84	44.98	52.88	15.55	13.35	15.91
27	1972.10—1973.9	55.36	45.67	53.37	17.35	13.46	16.55
28	1973.10—1974.6	55.72	47.96	54.10	17.18	13.60	16.43
32	1977.7—1978.7	50.60	40.50	48.36	15.03	11.69	14.28
38	1983.1—1983.12	45.31	35.65	43.00	12.65	9.52	11.90
42	1986.7—1987.6	38.81	34.29	37.69	10.01	9.10	9.79
43	1987.7—1988.6	39.23	36.20	38.47	9.28	9.12	9.24
44	1988.7—1989.6	39.06	36.60	38.44	9.50	9.54	9.51
45	1989.7—1990.6	34.30	33.40	34.07	1.80	8.51	7.98
46	1990.7—1991.6	36.43	32.76	35.49	8.64	8.51	8.61
47	1991.7—1991.12	37.42	33.23	36.34	8.29	8.24	8.28
48	1992.1—1992.12	43.47	33.73	40.93	10.88	8.82	10.35
50	1993.7—1994.6	36.66	30.51	35.04	8.39	7.41	8.13
51	1994.7—1995.6	39.75	33.50	38.40	8.89	8.38	—
52	1995.7—1996.6	37.46	28.04	35.00	8.31	6.78	—

续表3.1.37

NSS 回合	抽查时期	贫困率（%）			贫困度（%）		
		农村	城市	全国	农村	城市	全国
53	1997.1—1997.12	35.69	29.99	34.40	8.39	7.77	—

资料来源：王立新：《印度"绿色革命"的政治经济学：发展、停滞和转变》，中国社会科学出版社，2011，第284-285页。

"绿色革命"初期，由于全印度大旱的持续影响，农村的贫困率甚至有增长趋势。从1968—1969年度开始，"绿色革命"的效果开始显现，农村贫困率开始震荡下降。到1989—1990年度"绿色革命"接近尾声时，印度农村的贫困率下降到34.3%，较最高的1966—1967年度的64.3%，下降高达整整30个百分点。从贫困度来看，1989—1990年度为7.8%，较最高的1954—1955年度的25.04%，下降了17.24%。

表3.1.38　计划委员会对印度绝对贫困状况的估计

年份	全印数量（百万人）	贫困率（%）	农村数量（百万人）	贫困率（%）	城市数量（百万人）	贫困率（%）
1973—1974	321	54.9	261	56.4	60	49.0
1977—1978	329	51.3	264	53.1	65	45.2
1983	323	44.5	252	45.7	71	40.8
1987—1988	307	38.9	232	39.1	75	38.2
1993—1994	320	36.0	244	37.3	76	32.4
1999	260	26.1	193	27.1	67	23.6

资料来源：*Ministry of Finance,Government of India.Economic Survey*,2001.

根据印度计划委员会对印度绝对贫困状况的分析看，全印度农村绝对贫困人口数量、农村绝对贫困率均有所下降。从1973—1974年度到1987—1988年度期间，农村绝对贫困人口从2.61亿下降到2.32亿，减少2900万人。农村绝对贫困率也从56.4%下降到39.1%，减少17.3个百分点。而同期的城市绝对贫困人口数量却从6000万增加到7500万，增加1500万。城市绝对贫困率从49%下降到38.2%，仅减少10.8个百分点。这说明"绿色革命"的实施对印度农村发展的贡献与影响远大于城市。

表 3.1.39　印度各主要邦贫困率的变化　　　　　　　　　　（单位：%）

邦年度	农村			城市			合计		
	1973—1974	1993—1994	1999	1973—1974	1993—1994	1999	1973—1974	1993—1994	1999
高贫困率的邦									
奥里萨	67.28	49.72	48.01	55.62	41.64	42.83	66.18	48.56	47.15
比哈尔	62.99	58.21	44.30	52.96	34.50	32.91	61.91	54.96	42.60
中央邦	62.66	40.64	37.06	57.65	48.38	38.44	61.78	42.52	37.43
阿萨姆	52.67	45.01	40.04	36.92	7.73	7.47	51.21	40.86	36.09
北方邦	56.53	42.28	31.22	60.09	35.39	30.89	57.07	40.85	31.15
中贫困率的邦									
西孟加拉	73.16	40.80	31.85	34.67	22.41	14.86	63.43	35.66	27.02
马哈拉施特拉	57.71	37.93	23.72	43.87	35.15	26.81	53.24	36.86	25.02
泰米尔纳德	57.43	32.48	20.55	49.40	39.77	22.11	54.94	35.03	21.12
卡纳塔克	55.14	29.88	17.38	52.53	40.14	25.25	54.47	33.16	20.04
安德拉	48.41	15.92	11.05	50.61	38.33	26.63	48.86	22.19	15.77
拉贾斯坦	44.76	26.46	13.74	52.13	30.49	19.85	46.14	27.14	15.28
低贫困率的邦									
古吉拉特	46.35	22.18	13.17	52.57	27.89	15.59	48.15	24.21	14.07
喀拉拉	59.19	25.76	9.38	62.74	24.55	20.27	59.79	25.43	12.72
哈里亚纳	34.23	28.02	8.27	40.18	16.38	9.99	35.36	25.05	8.74
旁遮普	28.21	11.95	6.35	27.96	11.35	5.75	28.15	11.77	6.16
全印度	56.44	37.27	27.09	49.01	32.36	23.62	54.88	35.97	26.10

资料来源：*Ministry of Finance,Government of India.Economic Survey* (2001-2001).

　　具体到印度各邦，根据贫困率下降后的结果分为三类，即高贫困率邦、中贫困率邦与低贫困率邦。事实上，绝大多数邦在 1973—1974 年度的贫困率都在 50% 以上，其中奥里萨与西孟加拉分别高达 67.28% 与 73.16%，但到 1993—1994 年度则分别降到 49.72% 和 40.8%，西孟加拉从高贫困率邦升级为中贫困率邦。而低贫困率各邦，即古吉拉特、喀拉拉、哈里亚纳与旁遮普在 1973—1974 年度的贫困率分别为 46.35%、59.19%、34.23% 与 28.21%，到 1993—1994 年度

则分别降低到22.18%、25.76%、28.02%和11.95%，分别下降24.17、33.43、6.21
与16.26个百分点。如果将时间拉长到1999年，旁遮普的农村贫困率甚至降低
到6.35%，喀拉拉与哈里亚纳也降低到10%之内，基本实现农村脱贫。

第二节　印度农业现代化的消极影响

一、有限的农业现代化

1. 粮食生产率低下

"绿色革命"的确为印度带来了粮食产量、农业劳动生产率与人均粮食消费
量的提高，极大地改变了印度农业的落后局面。但与国际社会相比，则差距巨
大，相形见绌。

表3.2.1　某些国家的谷物平均单位面积产量　（单位：千克/公顷）

国家	1980年	1981年	1982年	1980—1982年间平均值
日本	4841	5207	5308	5118.67
英国	4914	4928	5438	5093.33
法国	4852	4614	5015	4827
联邦德国	4429	4450	4858	4579
丹麦	3892	4077	4508	4159
美国	3774	4278	4396	4149.33
意大利	3521	3668	3566	3585
印尼	2865	3021	3365	3083.67
墨西哥	2157	2258	2425	2280
阿根廷	1871	2336	2457	2221.33
孟加拉国	2006	1940	1996	1980.67
泰国	1931	1983	1923	1945.67
菲律宾	1583	1678	1697	1652.67
巴基斯坦	1610	1670	1645	1641.67
巴西	1576	1617	1548	1580.33

国家	1980 年	1981 年	1982 年	1980—1982 年间平均值
苏联	1499	1288	1459	1415.33
印度	1350	1399	1351	1366.67
澳大利亚	1052	1410	864	1108.67
世界总计	2158	2238	2350	2248.67

资料来源：中国社会科学院世界经济与政治研究所，1986，第 944 页。

1980—1982 年间，印度谷物平均单产为 1366.67 千克 / 公顷，与最高的日本与英国的 5118.67 千克 / 公顷与 5093.33 千克 / 公顷相比，只是它们的四分之一左右，相差巨大。即使与近邻巴基斯坦与孟加拉国的 1641.67 千克 / 公顷和 1980.67 千克 / 公顷相比，也仍然有一定差距。在表中的国家中，印度也仅比农业粗放经营的澳大利亚的 1108.67 千克 / 公顷稍微高点。另外，印度的谷物平均单位面积产量只是世界平均值 2248.67 千克 / 公顷的 60.77%。

如果仅以小麦和稻谷的平均单产来考察，则从另一个侧面验证了印度农业低效。

表 3.2.2　各国的小麦 / 稻谷平均单产量　　　　　　　（单位：千克 / 公顷）

国家	1980 年	1981 年	1982 年	1980—1982 年间平均值
苏联	1597/4191	1351/3785	1519/3858	1489/3945
美国	2249/4946	2323/5402	2395/5277	2322/5208
日本	3050/5128	2618/5629	3256/5688	2975/5482
法国	5169/3614	4809/3792	5226/5019	5068/4142
意大利	2687/5496	2710/5287	2676/5425	2691/5403
澳大利亚	962/5270	1377/7170	771/6943	1037/6461
巴西	865/1566	1151/1362	654/1615	890/1514
印度	1436/2000	1630/1962	1691/1851	1586/1938
巴基斯坦	1563/2418	1643/2604	1599/3587	1602/2536
土耳其	1857/4500	1838/4521	1942/4667	1879/4563
南斯拉夫	3358/4927	3081/4667	3349/4674	3263/4756
世界总计	1883/2761	1888/2839	2030/3002	1933/2867

资料来源：中国社会科学院世界经济与政治研究所，1986，第 947 页。

1980—1982 年间，印度的小麦和稻谷的平均单产分别为 1586 千克 / 公顷
与 1938 千克 / 公顷。其中小麦单产与最高的法国 5068 千克 / 公顷相比，仅是其
31.29%，不到三分之一。稻谷与最高的澳大利亚的 6461 千克 / 公顷相比，仅是
其 29.99%。与巴基斯坦相比，仍然有一定差距。印度的小麦与稻谷单产只是比
巴西高一些，但与世界平均单产相比，差距依然很大。

"绿色革命"的 20 多年，印度人口快速增长，虽然粮食总产量大幅增长，但
由于印度粮食单产极低，仍然不能完全满足日益增长的人口与生活品质的提高。
1967—1982 年，印度人均粮食可得量依然很低，增长缓慢，甚至出现停滞、倒退。

表 3.2.3　1967—1982 年印度粮食可得量　　　　　　　（单位：百万吨）

年度	净产量	净进口量	政府储备变动	可得量	
				净值（1+2-3）	人均量（克 / 日）
	1	2	3	4	5
1967	65.0	8.7	−0.3	74.0	401
1968	83.2	5.7	2.0	86.9	460
1969	82.3	3.8	0.5	85.7	445
1970	87.1	3.6	1.1	89.6	455
1971	94.9	2.0	2.6	94.3	469
1972	92.0	−0.5	−4.7	96.2	466
1973	84.9	3.6	−0.3	88.8	422
1974	91.6	5.2	−0.4	97.2	451
1975	87.4	7.5	5.6	89.3	406
1976	105.9	6.9	10.7	102.1	424
1977	97.3	0.5	−1.6	99.4	430
1978	110.6	−0.6	−0.3	110.3	468
1979	115.4	−0.2	0.4	114.8	477
1980	96.0	−0.3	−5.8	101.5	410
1981	113.4	0.7	−0.2	114.3	454
1982	116.6	1.6	1.3	117.5	455

资料来源：CMIE,*Basic Statistics Relating to the Indian Economy*,Vol.1,1988,Table 13.10.

1967—1982 年，印度的粮食生产总量从 6500 万吨增加到 1.116 亿吨，增长 71.69%，粮食进口从 870 万吨下降到 160 万吨，政府粮食储备从短缺 30 万吨增长到盈余 130 万吨，粮食可得量净总值从 7400 万吨增加到 1.1175 亿吨。但人均粮食可得量仅从 401 克/天增加到 455 克/天，只增长 13.46%，最高的 1979 年也仅增长 18.95%，最低的 1975 年更是只增长 1.25%，这还是建立在当年粮食进口 560 万吨的前提下。

2. 农业生产率低下

"绿色革命"实施后，印度农业生产率获得较大提高，但仍然不高。

表 3.2.4　各国农业劳动生产率比较（1982 年度）

国家	每个劳动力平均负担的可耕地面积（公顷）	每个农业劳动力平均生产的谷物（千克）	每个农业劳动力平均生产的肉类（千克）
苏联	10.9	8420	609
美国	88.5	162836	8149
日本	0.7	2356	320
联邦德国	6.8	23632	4396
法国	9.8	26157	2104
英国	13.7	44256	4485
意大利	5.5	5469	927
阿根廷	26.6	25715	2239
澳大利亚	124.1	39932	7179
巴西	5.0	2300	225
丹麦	16.1	5892	7785
印度	1.0	799	4
印尼	0.7	1269	11
墨西哥	3.2	3120	160
菲律宾	1.3	1485	73

资料来源：中国社会科学院世界经济与政治研究所，1986，第 939-940 页。

与世界其他国家纵向比较，印度的农业劳动生产率过于低下。印度一个劳动力平均耕种 1 公顷土地，耕地面积狭小，比人口众多的日本与印尼稍微多，但每个农民人均谷物生产率则低得多。每个农业劳动力平均生产的谷物只有 799 千克，而最高的美国是 162836 千克，是印度的 23.26 倍。即使与日本和印尼相比，它们也分别是印度的 2.95 倍与 1.59 倍。另外，要是以肉类生产率相比，则更加触目惊心。印度每个农业劳动力平均生产的肉类仅仅 4 千克，而最高的美国是 8149 千克，是印度的 2037 倍之多。即使与日本和印尼相比，它们也分别是印度的 80 倍与 2.75 倍。

如果将印度农业生产率最高的旁遮普地区与美国的农业劳动生产率相比，则可以从另一个侧面考察印度的农业劳动生产率。

表 3.2.5　印度旁遮普邦和美国的农业劳动生产率比较（1981）

地区	农业劳动力数量（个）	小麦总产量（吨）	平均每个劳动力的小麦产出（千克）	水稻总产量（吨）	平均每个劳动力的水稻产出（千克）
旁遮普	2859511	8553000	2991	3750000	1311
美国	162800	76000000	46683	8300000	5098

资料来源：B.S.Hansra and A.N.shukla,*Social, Economic and Political Implications of Green Revolution in India*,Classical Publishing Company,New Delhi,1991,p.149.

旁遮普平均每个劳动力的小麦与水稻产出分别为 2991 千克与 1311 千克，而美国则分别为 46683 千克和 5098 千克，分别是印度的 15.6 倍与 3.89 倍。印度其他地区的农业劳动生产率就更低了，这与印度的农业资本集约化水平较低有关。

表 3.2.6　1981 年各国农业资本集约化水平比较

国家	每公顷耕地上的拖拉机数量（台）	每公顷耕地上的联合收割机数量（台）	每公顷耕地上的化肥施用量（千克）
苏联	0.011	0.006	83
美国	0.024	0.009	102
日本	0.227	0.345	387
联邦德国	0.196	0.033	418
法国	0.081	0.015	298
英国	0.076	0.014	330
意大利	0.089	0.007	163
阿根廷	0.005	0.004	3
澳大利亚	0.008	0.003	28
巴西	0.005	0.002	38
丹麦	0.068	0.021	233

续表3.2.6

国家	每公顷耕地上的拖拉机数量（台）	每公顷耕地上的联合收割机数量（台）	每公顷耕地上的化肥施用量（千克）
印度	0.003	0.000008	34
墨西哥	0.005	0.001	67
土耳其	0.016	0.000956	45
南斯拉夫	0.056	0.002	128
世界总计	0.015	0.005	79

资料来源：中国社会科学院世界经济与政治研究所，1986，第960-961页。

从1981年世界各国农业资本集约化水平的数据中，我们可以观察到印度每公顷耕地上的拖拉机数量只有0.003台，而最高的日本为0.227台，是印度的79倍，最低的阿根廷、巴西与墨西哥均为0.005台，也是印度的近1.67倍；印度每公顷耕地上的联合收割机数量为0.000008台，最高的日本是0.345台，竟然是印度的43125倍，最低的土耳其0.00956台也是印度的119.5倍；印度每公顷耕地上的化肥施用量是34千克，最高的联邦德国是418千克，是印度的12.29倍，世界平均的79千克也是印度的2.32倍。

3. 农业资本化下降

印度农业资本化在"绿色革命"初期发展迅速，但随着农业发展的深入，农业投入的加大，农业资本的形成反而越发停滞，甚至下降。

表3.2.7　印度不同时期农业资本形成的变化率　　　　　　　（单位：%）

时期	公共部门	私人部门	总计
	总变化率		
1962—1963年度至1975—1976年度	60.99	96.88	84.56
1975—1976年度至1982—1983年度	86.01	24.94	43.20
1982—1983年度至1984—1985年度	-32.89	26.07	3.16
1984—1985年度至1987—1988年度	-13.78	4.46	-2.66
1987—1988年度至1991—1992年度	-20.67	23.56	8.31
	年度变化率		
1962—1963年度至1975—1976年度	4.69	7.45	6.04
1975—1976年度至1982—1983年度	12.28	3.56	6.17

续表 3.2.7

时期	公共部门	私人部门	总计
	总变化率		
1982—1983 年度至 1984—1985 年度	-4.11	3.26	0.40
1984—1985 年度至 1987—1988 年度	-4.59	1.48	-0.88
1987—1988 年度至 1991—1992 年度	-5.16	5.89	2.08

资料来源：Swamy Subramanian,*India's Economic Performance and Reforms:A Perspective for the New Millennium*,Konark Publishers PVT LTD,Delhi,2000,p.231.

从 1962—1963 年度到 1975—1976 年度，印度公共部门的农业资本总形成率为 60.99%，私人部门为 96.88%，资本形成率较高。从 1975—1976 年度到 1982—1983 年度，印度公共部门的资本形成率增长到 86.01%，而私人部门则降低到 24.94%。但从 1982—1983 年度到 1991—1992 年度，公共部门的资本形成率大幅下降，最高下降 32.89%，而私人部门则震荡向下，最低只有 4.46%。印度农业资本年度形成率亦是如此。印度"绿色革命"时期农业资本形成的变化率先扬后抑的原因是印度农业主要投入品生产率的下降。

表 3.2.8　1970—1971 年度至 1980—1981 年度间印度农业主要投入品生产率的下降

农业年度	产出价值		投入品价值		投入品生产率指数 [（2）/（4）×（5）]
	千万卢比（1）	指数（2）	千万卢比（3）	指数（4）	
1970—1971	17531	100.0	3059	100.0	100.0
1971—1972	17549	100.0	3274	107.0	93.6
1972—1973	16315	93.1	3336	109.1	85.3
1973—1974	17619	100.5	3473	113.5	88.5
1974—1975	17249	98.4	3600	117.7	83.6
1975—1976	19292	100.0	3912	127.9	86.0
1976—1977	18167	103.6	4108	134.3	77.1
1977—1978	20242	115.5	4372	142.9	80.8
1978—1979	21103	120.4	4574	149.5	80.5
1979—1980	18549	105.8	4776	156.1	67.8
1980—1981	20752	118.4	5214	170.4	69.5

资料来源：Bharadwaj Krishna,*Agricultural Price Policy for Growth:the Emerging Contradictions*,in Terence J.Byres(ed.),1998,p.239.

从 1970—1971 年度起，农业投入品价值指数一路走高，到 1980—1981 年度高达 170.4。而农业产出价值指数则震荡上行，到 1980—1981 年度为 118.4，最高为 1978—1979 年度的 120.4，远低于农业投入品价值指数，导致农业主要投入品生产率从 1970—1971 年度的 100 持续下降到 1980—1981 年度的 69.5，最低为 1979—1980 年度的 67.8。

1960—1980 年这 20 年间，印度农业的投入与产出数据也表明，农业生产率增长缓慢。

表 3.2.9　1960—1980 年印度农业的投入和产出

项目	1960—1961 年度	1970—1971 年度	1980—1981 年度
投入			
净播种面积（百万公顷）	133（100.0）	141（106.0）	141（106.0）
净资本存量（十亿卢比）	150（100.0）	210（140.0）	312（208.0）
产出			
农业 GDP（十亿卢比）	136（100.0）	170（125.0）	198（145.6）
投入率			
平均每个工人拥有的资本（卢比）	1090（100.0）	1255（115.1）	1681（148.4）
平均每公顷土地上的资本（卢比）	1127（100.0）	1492（132.4）	2211（196.2）
生产率比率			
每个工人 GDP（卢比）	988（100.0）	1013（102.5）	1025（103.7）
每公顷土地的 GDP（卢比）	1023（100.0）	1204（117.7）	1401（137.0）

备注：括号内是指数。

资料来源：Rao,J.Mohan and Servaas Storm, "*Distribution an Growth in Indian Agriculture*",in Terence J.Byres (ed.),1998b,p.167.

从上表的生产率比率数据的考察可以看到，每个工人 GDP 从 1960—1961 年度的 100，缓慢增长到 1970—1971 年度的 102.5，再到 1980—1981 年度的 103.7。每公顷土地的 GDP 则从 100 增长到 117.7，再增长到 137，比每个工人 GDP 增长稍快。

4. 农民实际工资增长缓慢

在"绿色革命"中，印度农民的绝对工资较之前增长缓慢，但随着物价的不断上涨，农民的相对工资，即实际发展则增长停滞，甚至减少。

表 3.2.10　印度农业部门和非农业部门的工资率　　（单位：每日卢比数）

时期	农业部门				非农业部门
	北部	中部	东部	南部	
1960—1966	14.5	7.80	8.41	8.06	34.8
1967—1973	17.8	7.68	8.53	7.69	33.7
1974—1980	15.7	7.17	8.69	7.54	34.7
1981—1987	16.5	8.73	9.80	8.59	42.5

资料来源：Albert,David G.,George S.Tolley and G.K.Kripalani,*Technical Change and Income Distribution in Indian Agriculture*,Westview Press,Boulder,1994,p.88.

在"绿色革命"前的 1960—1966 年间，农业基础较好的北部农业部门日均人工资为 14.5 卢比，而其他地区则为 8 卢比左右。经过 20 年的农业发展，北部日均人工资为 16.5 卢比，仅仅增长 2 卢比。其他地区则日均人工资 9 卢比左右，只增长 1 卢比。20 年间全印度农民日均人工资仅仅增长 1 ～ 2 卢比。

旁遮普农业劳工的实际收入甚至持续下降，而消费价格指数则大幅增长。

表 3.2.11　旁遮普每个农业劳工的实际收入

（单位：卢比，按 1960—1961 年度价格）

工人	实际收入 I		实际收入 II	某些年度农业劳工消费价格指数			
	1963—1964	1974—1975	1975—1976				
男性工人	282.53	185.10	214.87	1960—1961	100	1971—1972	200
女性工人	120.75	60.48	101.74	1963—1964	120	1972—1973	225
童工	121.75	57.96	98.35	1965—1966	158	1973—1974	283
				1969—1970	193	1974—1975	368
				1970—1971	192	1975—1976	317

备注：实际收入 I 和实际收入 II 是分别使用 1974—1975 年度和 1975—1976 年度的农业劳工消费价格指数除以 1974—1975 年度货币收入计算而来。

资料来源：Patnaik,Utsa,T*he Long Transition:Essays on Political Economy*,Tulika,New Delhi,1999,p.197.

1963—1964 年度，旁遮普男性工人的实际收入 282.53 卢比，到 1974—1975 年度降低到 185.1 卢比，而 1960—1961 年度到 1971—1972 年度，消费价格指数则从 100 增长到 200，即物价增长 1 倍。女性工人的实际收入从 120.75 卢比降低到 60.48 卢比，而 1963—1964 年度到 1972—1973 年度，消费价格指数从 120 增长到 225，即增长 87.5%。童工的实际收入从 121.75 卢比减少到 57.96 卢比，而 1965—1966 年度到 1970—1971 年度，消费价格指数增长 78.27%。所以男性工人、女性工人与童工 1974—1975 年度实际收入分别为 214.87 卢比、101.74 卢比和 98.35 卢比，分别比 1963—1964 年度下降 23.95%、15.74% 与 19.22%。农业部门日均人工资率的缓慢增长以及农民实际收入的持续降低，导致印度农村持久高居不下的相对贫困率。

表 3.2.12　1957—1997 年间印度的相对贫困　　　　　　（单位：%）

年份	农村基尼系数	城市基尼系数
1957—1958	33.74	35.90
1963—1964	29.01	36.54
1968—1969	30.70	32.90
1973—1974	28.30	31.50
1977—1978	31.20	33.70
1983	30.10	33.40
1986—1987	30.15	35.60
1987—1988	30.16	35.57
1989—1990	28.23	35.59
1990—1991	27.71	33.59
1992	29.88	35.55
1993—1994	28.50	34.50
1994—1995	29.19	33.43
1995—1996	28.97	35.36
1997	30.11	36.12

资料来源：王立新：《印度"绿色革命"的政治经济学：发展、停滞和转变》，中国社会科学出版社，2011，第 283 页。

　　1957—1958 年度，印度农村基尼系数为 33.74，反复震荡，到"绿色革命"结束时的 1987—1988 年度为 30.16，仅仅下降 3.58。而城市基尼系数则从 35.9 下降到 35.57，则仅下降 0.33，几乎没有变动。而从具体的农业增长率与贫困率情况考察，各邦增长率与贫困率差异较大。

表 3.2.13　1983—1984 年度到 1987—1988 年度期间印度农业、工业、

服务业增长率与贫困率情况　　　　　　　　　（单位：%）

邦名	农业	工业	服务业	贫困率下降
阿萨姆	1.11	2.74	3.87	4.26
果阿邦	−2.57	0.10	7.04	−5.62
喜马偕尔	−0.50	9.53	8.87	0.95
查谟与克什米尔	−5.35	10.41	2.22	0.42
卡纳塔克	1.71	4.60	7.14	0.71
旁遮普	5.34	9.42	4.71	2.98
拉贾斯坦	−9.15	5.97	11.07	−0.69
西孟加拉	4.50	3.67	4.29	10.13

资料来源：Swatantra Chauhan,*Agriculture Develoment Strategies and Poverty Alleviation in India:a State Level Analysis*,Lambert Academic Publishing,Saarbrucken,2012,pp.20-50. 有删减。

1983—1984 年度到 1987—1988 年度，旁遮普与西孟加拉的农业增长率为 5.34% 与 4.5%，但拉贾斯坦和查谟与克什米尔则分别下降 9.15% 和 5.35%。贫困率下降最多的是西孟加拉和阿萨姆的 10.13% 与 4.26%，而果阿邦与拉贾斯坦贫困率反而分别增长 5.62% 和 0.69%。

5.农业规模经营缩减

1970—1971 年度、1976—1977 年度与 1980—1981 年度印度进行了三次土地经营占有权的农业普查。下表中数据表明，土地持有者人数从 1970—1971 年度到 1985—1986 年度从 7100 万增加到了 9800 万，大约增长 38%。但土地经营面积只从 1.62 亿公顷增加到 1.64 亿公顷，几近可以忽略的地步。

表 3.2.14　印度经营占有土地者的数量与经营面积

占有者	数量（万）		面积（万公顷）	
	1970—1971	1985—1986	1970—1971	1985—1986
边际占有者（<1公顷）	3600 （51.0）	5700 （58）	1500 （9）	2200 （13）
小占有者（1～4公顷）	2400 （34）	3100 （32）	4900 （30）	6200 （38）
中等占有者（4～10公顷）	800 （11.2）	800 （8）	4800 （30）	4700 （29）

占有者	数量（万）		面积（万公顷）	
	1970—1971	1985—1986	1970—1971	1985—1986
大占有者（>10 公顷）	300 （4）	200 （2）	5000 （31）	3300 （20）
总计	7100 （100）	9800 （100）	16200 （100）	16400 （100）

备注：表内括号里数字是各栏占总数的百分比（%）。

资料来源：鲁达尔·达特、K.P.M.桑达拉姆：《印度经济·下册》，雷启淮等译，四川大学出版社，1994，第77页。

从上表我们可以看出，随着"绿色革命"的接近完成，印度土地经营者中边际农和小农反而增加，占比高达 85%～90%，却仅拥有 40%～50% 的土地。1970—1971 年度到 1985—1986 年度，中等土地占有者数量没有变化，但大土地占有者则从 300 万下降到 200 万。二者经营的土地面积则分别从 4800 万公顷与 5000 万公顷下降到 4700 万公顷和 3300 万公顷。印度农业土地破碎与分散状况没有改善，农业规模经营状况甚至有较大下降。

从印度各邦平均农场经营规模的变化中可以观察到，印度农业规模经营呈现普遍下降趋势，只有旁遮普地区是唯一增长的特例，这也可以解释旁遮普农业发展整体状况优于印度其他地区的原因。

表 3.2.15　印度主要邦平均农场经营规模的变化（1971—1981 年）

邦和地区	平均规模（公顷）		经营规模的变化率（%）1970—1971 年度至 1980—1981 年度
	1970—1971 年度	1980—1981 年度	
主要地区			
比哈尔	1.52	1.00	-34.2
奥里萨	1.89	1.59	-15.9
北方邦	1.16	1.01	-12.9
西孟加拉	1.20	0.94	-21.7
中间地区			
安德拉邦	2.51	1.94	-22.7
古吉拉特	4.11	3.45	-16.1
马哈拉施特拉	4.28	3.11	-27.3

邦和地区	平均规模（公顷）		经营规模的变化率（%）1970—1971 年度至 1980—1981 年度
	1970—1971 年度	1980—1981 年度	
中央邦	4.00	3.42	-14.5
拉贾斯坦	5.46	4.44	-18.7
旁遮普	2.89	3.82	32.3
哈里亚纳	3.77	3.52	-6.6
南部地区			
喀拉拉邦	0.70	0.43	-38.6
卡纳塔克邦	3.20	2.73	-14.7

资料来源：Chakraverty Lalita, '*Agrarian Economies and Demographic Regimes in India:1951-1981*',in Jan Breman and Sudipto Mundle(ed.),1991,p.376.

从上表中的数据清晰表明，除了旁遮普外，1970—1971 年度到 1980—1981 年度，其余地区的经营规模均呈现明显下降。其中喀拉拉邦和比哈尔邦甚至分别下降高达 38.6% 与 34.2%，就连农业较发达的哈里亚纳邦也是小幅下降 6.6%。

二、农村两极分化与社会冲突

"绿色革命"的确促进了印度农业部门、农村经济与农民收入的提高。但因为印度各地自然资源的巨大差异，拥有土地面积的大小以及家庭劳动力的多寡、资本的投入数量等因素，导致地区与个人间收入的两极分化。

1. 农村两极分化

"绿色革命"推动的农业发展导致印度不同地区之间日益增长的经济差距，国内不同农业气候区原本已经存在的地区间差距，加上其他各种因素可能造成差距加大。因此，阿格瓦尔认为："绿色革命的成果主要对农民进行包装，但贫富差距进一步扩大。"[1]

对 1960—1961 年至 1970—1971 年间印度邦际收入不平等的分析表明，农业新技术的传播扩大了地区经济差距，这是由于自然资源、教育水平和基础设施的差异造成的。另一项类似的研究表明，在静态条件下，印度较富裕邦的人均收入更稳

---

[1] Aggarwal, B.K. and A, K. Gupta, *"Socio-economic Disparities & Social Ten8iOns in Rural Punjab: A Case Study"*, Social Change 11 (1), 1981, pp.15-22.

定。收入差距遵循"U"形路径，1970—1971 年平均收入与最小差距为 275 卢比。在 1960—1961 年至 1974—1975 年间，观察到邦际收入差距增加 16%，二十世纪六十年代价格趋势的邦际变化对印度的邦际收入不平等产生了显著的平衡作用。[1]

事实上，"绿色革命"并非全印的统一行动，开始实施是在印度西北的几个农业条件较好的邦，如旁遮普、哈里亚纳等。那里自然条件优越，农业基础设施相对完善，并且在政府政策支持以及对农业科技应用等方面也走在其他邦前面。这个地区仅占全印面积的 4%，人口占印度总人口的 3%，最终却提供了全印商品粮总产量的五分之四。旁遮普是印度最重要的小麦生产邦之一。它覆盖了全国14% 的小麦面积，占全国小麦产量的 25%，并提供了政府粮食分配计划采购中的 50% 以上的小麦。旁遮普小麦产量也是全国最高的，1986—1988 年平均为 3.6吨 / 公顷，而整个印度为 2 吨 / 公顷。

表 3.2.16　1962—1993 年印度各邦粮食生产量对比　　（单位：千克 / 公顷）

邦名	1962—1965	1970—1973	1980—1983	1990—1993
旁遮普	1117	1934	2653	3460
哈里亚纳	687	1135	1545	2489
泰米尔纳德	1116	1351	1395	1959
奥里萨	864	811	780	1042
比哈尔	761	882	907	1200
中央邦	600	651	704	976
全印平均	708	848	1038	1402

资料来源：Raju J Das,*Geographical Uneveness of India's Green Revolution*,Journal of contemporary Asia,May 2007,pp.167.

从上表的数据中可以得知，旁遮普邦在"绿色革命"前的粮食单产就远高于其他邦，与泰米尔纳德邦接近，为 1117 千克 / 公顷。在"绿色革命"开始后，旁遮普邦就迅速拉大了与其他邦的差距，1970—1973 年间，其粮食单产达到1934 千克 / 公顷，已经遥遥领先。到 1980—1983 年间，旁遮普的粮食单产已经是最低的中央邦的 3.77 倍。到 1990—1993 年间，这个差距仍然保持。旁遮普远

---

[1] Dholakia, R.H., *State Income Inequality in India and Inter-State Variations in Price Movements*, Arthavikas, XIV (1), 1978.

高于其他邦的农业生产率就推动了彼此间的收入差异。然而，旁遮普邦内部不同地区间也因为农作物的生产力差距存在两极分化。

表 3.2.17　旁遮普各地区农作物生产力（1999—2000）　（单位：千克/公顷）

地区	小麦	水稻	棉花	油料	珍珠粟	甘蔗	玉米
格达斯波尔	4362	2831	—	738	—	68450	2042
阿姆利则	4885	3108	274	932	703	65870	2407
卡普尔塔拉	4710	3489	—	1190	—	55040	3357
贾朗达尔	4925	2487	—	1326	—	58720	2949
纳瓦沙尔	4597	3481	—	1216	703	58060	2550
霍希亚布尔	3591	2920	—	1030	—	62010	2680
罗巴尔	4022	3112	—	909	—	54540	2426
卢迪亚纳	5064	3611	—	1250	—	70510	3122
菲洛泽普尔	4648	3509	335	1103	703	70630	—
法利得果洛	4662	3388	353	1090	703	60740	—
姆戈德舍尔	4725	3208	344	898	703	66360	2577
莫加	4928	3355	280	1197	703	—	—
巴林达	4614	3453	302	1051	572	—	—
曼萨	4582	3202	374	1000	719	66560	—
桑格尔	4828	3562	346	1050	753	69720	2577
博迪雅拉	4800	3248	—	1120	—	59840	3050
法塔合格尔	5148	3679	—	1388	—	62380	2759

资料来源：Economic Adviser to Government,Punjab, ‘*Statistical Abstract of Punjab 2001*’,March 2013,pp.8-142.

以粮食作物小麦、水稻和玉米为例，最高单产分别为法塔合格尔的5148千克/公顷和3679千克/公顷及卢迪亚钠的5064千克/公顷和3611千克/公顷，最低分别为霍希亚布尔的3591千克/公顷与格达斯波尔的4362千克/公顷、2831千克/公顷，分别相差1557千克、848千克与1315千克，差距百分比分别为30.24%、23.05%和39.17%。而经济作物棉花、油料和甘蔗的单产最高分别为374千克、1388千克与70630千克，最低分别为274千克、738千克和54540千克，分别相差为100千克、650千克与16090千克，差距百分比分别为26.74%、

53.17% 和 22.78%。邦内各地区间农业劳动生产率差异如此大，必然导致地区间收入的两极分化。

具体到农民个体来说，较富裕的农民拥有采用先进技术的所有设施，并变得更富有，而贫困的农民则因无法利用现有资源，并无力负担新技术而受益微薄。正如海文和菲尔姆指出："与规模较小的耕种者相比，规模较大的农民能够更好地承担创新风险，他们对提供信贷和关键供应（如肥料、种子和杀虫剂）的发展机构拥有更大的政治权力。"[1]

根据经济与社会部（PAU）在 1980—1981 年间进行的一项农业调查，在该邦经营性面积为 102.7 万公顷的土地中，38.62% 的农民拥有不到 2 公顷的土地，28% 的农民拥有 2 ~ 4 公顷土地，26% 的农民拥有 4 ~ 10 公顷土地，只有 7% 的农民拥有 10 公顷以上的经营性土地。这些统计数据无疑表明，绝大多数农民都是小农户和边缘农户。在该邦普通的农业家庭中，高达 76.53% 的支出用于食品和衣服。

为了了解农业工人的经济状况是否因"绿色革命"的进行而有所改善，巴丹比较了旁遮普和喀拉拉邦农业工人的工资。他发现，1956—1957 年至 1964—1965 年间，旁遮普邦农业工人的工资增长百分比仅为 17%，而喀拉拉邦高达 92%。在此期间，旁遮普和喀拉拉的农业劳动者消费价格指数的增长百分比分别为 34% 和 37%。尽管旁遮普邦的农业生产在此期间增长了 42%，但实际工资率有所下降。喀拉拉邦农业工人的状况似乎有了很大改善，尽管该邦的农业生产力并不那么突出。

在"绿色革命"的背景下，印度贫富之间的经济差距日益扩大的问题无法得到充分理解，除非就农业劳动者的工作天数进行讨论。虽然全印度每年每个工人的剩余劳动日为 121.26 天，但在 1956—1957 年间，旁遮普邦的剩余劳动天数低至 38.51 天。B. 森估计，喀拉拉邦每个农业工人因缺乏工作而每月失业的平均天数最高，为 9.17 天，而在旁遮普，则只有 3.64 天。[2] 在喀拉拉邦、比哈尔邦和马德拉斯应用农业科技之后，农业劳动力的失业问题仍然严重，尽管其他地方的就

---

[1] Havens, E.A, and W, Flim, *"Green Revolution Technology and Community Development"*, The Limits of Action Programe, 1973.

[2] T. K. Oommen, *Green Revolution and Agrarian Conflict*, Economic and Political Weekly , Jun. 26, 1971, Vol. 6, pp.99-103.

业机会明显改善。而在这些地区，由于农业劳动力失业率居高不下，加剧农业紧张局势的可能性很大。

2. 社会冲突

对农村土地冲突和动乱的普遍解释可以概括如下：迄今为止，"绿色革命"所采取的农业发展战略主要是以生产为导向的，分配正义问题仍然被忽视。"绿色革命"的成果主要被富裕的地主收入囊中，他们与穷人，特别与无地劳动者之间的差距更大。贫富差距的扩大导致了一种被剥夺的感觉，掩盖了农民阶级越来越弱、越来越穷的事实。他们的挫折感在农村紧张局势中十分激烈，偶尔会导致暴力冲突。

土地骚动可能由土地所有者发起，以保护他们的利益，也可能由无土地者发起，为改善自己的境况。在 1967 年和 1968 年的两年中，报告了 62 起农村冲突事件。第一年 19 起，第二年 43 起。其中，51 起（近 82%）是针对地主的土地，以提出他们的诉求。这些事件的主题均是为向无土地者提供土地和提高农业劳动者的工资。他们通过强行占用土地和没收农作物来表达自己的诉求。只有 11 起骚动是由农民发起，他们迫切要求恢复因修建水坝而失去的家园、减少税收、增加灌溉设施、降低土地价格、提高农产品价格等。

在某些地区，土地动乱更为严重，其中包括西孟加拉邦的纳萨尔巴里地区、喀拉拉邦的阿勒配皮和科塔亚姆地区、阿萨姆的拉基姆普尔地区、安得拉邦的贡图尔、内洛雷、东哥达瓦里、汗玛姆、克里希那和斯里加古兰地区、奥里萨邦的戈拉布德地区、古吉拉特邦的布劳彻地区、泰米尔纳德邦的坦焦尔地区。印度从东到西，从北到南，社会冲突广泛而频繁。

3.2.18　印度农业无产阶级的发展（1951—1991 年）

年度	耕作者		农业工人	
	数量（百万人）	变化率（%）	数量（百万人）	变化率（%）
1951	69.9	—	27.3	—
1961	99.6	42.49	31.5	15.38
1971	78.2	-21.49	47.5	50.79
1981	92.5	18.29	55.5	16.84
1991	110.7	19.58	74.6	34.41

资料来源：Ministry of Agriculture,2002,Tab.2.2.

1951—1991 年这 40 年间，印度耕种者数量从 6990 万人增加到 1.107 亿人，增长 58.37%。"绿色革命"初期因为农业经济的快速发展，曾经一度大幅减少，但随着"绿色革命"的深入，农村两极分化加大，1971—1991 年这 20 年间，耕种者猛增 41.56%。农业工人在这 40 年间持续增长，从 2730 万增加到 7460 万，激增 173.26%，而 1971—1991 年这 20 年间，增长 57.05%。

三、生态环境恶化

"绿色革命"是在印度严重的粮食危机逼迫下实施的，而粮食产量的快速提高又促进了印度人口的迅速增长，也增加了对资源的消耗。"绿色革命"中大量采用农业科技，特别是化肥农药的加大施用，灌溉面积快速增加，农业机械化的推广消耗更多燃料等因素导致印度生态环境急剧恶化。旁遮普地区是印度"绿色革命"的样板与骄傲，是印度的粮仓，也正因为此，旁遮普也是印度"绿色革命"中生态环境最恶劣的地区。

1. 人口爆炸

1981 年，印度进行了独立后第四次人口普查。印度总人口为 683810051 人，比 1971 年增加 1.36 亿人，增长 24.75%，1971 年，第三次人口普查增加 1.09 亿人，增长 24.8%，也就是说，20 年间印度人口增加 2.45 亿，几乎增加 50%。而联邦地区长狄夏的 1971—1981 年这 10 年间人口增长率竟然高达 74.95%，增长约四分之三。

在"绿色革命"时期，旁遮普邦的人口出现了低于起点的增长。人口从 1961 年的 1110 万增加到 1981 年的 1670 万增加 50.45%。其中，农村人口占 72.3%，而城市人口占 27.7%。每平方千米人口密度为 331 人，而全国人口密度为 221 人。

不断增长的人口是对自然资源的最大消耗，人口的增长和环境退化的程度成正比。不断扩大的人口不仅对食物、衣服、住房、就业和教育提出了进一步的需求，而且还必须提供满足基本需求的设施，如水、卫生、电力、交通、通信等。毫无疑问，到目前为止，"绿色革命"有效地面临着满足粮食需求的挑战，但由于农村地区缺乏就业、教育和其他便利设施，人口有向城市迁移的趋势。

2. 森林砍伐

为了满足日益增长的人口对粮食的需求，粗放和集约农业作出了重大贡献。

然而，粗放的农业造成了森林的广泛破坏。根据印度森林政策，本国至少应该有三分之一森林覆盖率。丘陵地区为60%，平原地区为20%。1989年国家遥感局（NRSA）的森林调查报告估计，从1972—1975年到1980—1982年，印度森林覆盖面积减少了91710平方千米。因此，印度每年的森林覆盖面积损失约为13000平方千米。联合国粮农组织研究估计，1981—1990年间，印度森林的年采伐率为0.6%。1986—1988年，印度每年减少森林面积497800公顷。[1]另外，印度政府为解决人口增长产生的住房与耕地问题，在1961—1981年这20年间，撤销了11241公顷保护林，作为移民定居点。另外，移民还侵占了136000公顷森林。1990年，印度的森林覆盖率为22.8%，低于世界平均的30.04%。

3.2.19　某些国家的森林覆盖率　　　　　　　　（单位：百万公顷）

国家	地质总面积	森林面积	覆盖率（%）
日本	37	25	67.6
瑞典	45	26	57.8
苏联	2240	920	41.07
加拿大	922	325	35.4
美国	936	290	31.0
联邦德国	25	7	28.0
民主德国	11	3	27.3
瑞士	4	1	25
印度	329	75	22.8
总计	13390	4077	30.04

资料来源：FAO,*Production Annual Report*,1990.

"绿色革命"最成功的旁遮普地区的森林覆盖率下降最快，归因于粮食生产的需要对森林的侵害。在1972—1975年至1980—1982年间，旁遮普邦的森林覆盖面积从120000公顷下降到49000公顷。因此，旁遮普邦过去7年中森林覆盖率下降30%左右，而哈里亚纳邦和喜马偕尔邦则下降更多。旁遮普邦的森林状况相当令人担忧，其森林覆盖总面积为2676平方千米，其中，1348平方千米为低矮森林，1328平方千米为私有林。旁遮普邦的森林覆盖率仅为5.32%。

---

① FAO, *Forest Resources Assessment 1990*, 1993.

在总森林覆盖率中，49.62%（1328平方千米）仅为保护性森林，分布在低坎迪丘陵，其中，霍施尔普尔923平方千米和罗帕尔389平方千米。土地利用模式显示，该邦约83%的总地理面积在耕种，种植强度为173%。因此，迄今为止，农业以森林覆盖为代价，满足了粮食需求。希瓦利克斯和喜马拉雅山脉沿线缺乏足够的森林覆盖，导致该邦遭受了洪水和干旱。由于1988年的洪水，旁遮普邦不得不承受5000万卢比的损失，12989个村镇受灾，9000个村庄被洪水淹没，2500个村庄被完全冲走。总体而言，洪水毁坏了340万人的生活。1990年，该邦许多地区也发生了严重洪灾，造成了广泛损失。同时，当降雨延迟或稀少时，地下水灌溉面临很大压力，因为地下水位下降，土壤变得沙化，边缘地区经常出现类似干旱的情况。

3. 野生动物濒危

农业的扩张、耕作的加强和森林覆盖的减少极大毁灭了野生动物的栖息地。老虎和狮子等物种中的一些已经变得稀少，而印度大鸨和沼泽鹿等物种受到威胁，猎豹等物种则濒临灭绝。

表3.2.20　农业对旁遮普哺乳动物野生生活的影响

常用名	状态
犀牛	灭绝
印度狮	灭绝
猎豹	灭绝
老虎	灭绝
山猫	灭绝
印度羚	濒危
蓝牛	濒危
黑鹿	濒危
赤鹿	濒危
印度穿山甲	濒危
叶猴	濒危

资料来源：Atwal, A.S.,Bains,S.S.and Dhindsa,M.S.(Eds,) 'Status of Wildlife in Punjab'. The Indian Ecological Society,Ludhiana,1984,p.194.

在"绿色革命"实施之前，许多大型动物如印度羚、印度大羚羊、花鹿和黑鹿在旁遮普的一些地区大量出现。随着森林的砍伐，野生动物的活动范围已经减少到微不足道的水平。旁遮普邦没有石鳖，乌鸫已被驱赶到阿伯哈尔地区，而印度大羚羊仍被限制在什瓦力克地区。随着养殖业的进一步扩大，现在很少能看到鹿群。

同样地，鸟类也因密集的耕作遭受了严重的损失，现在旁遮普几乎看不到鹌鹑。只有在靠近河岸、运河和排水沟的孤立地区，才会有大量的山鹑。因此，旁遮普邦是通过集约农业满足人类食物需求，而导致野生动物和鸟类栖息地被破坏的典型例子。

4. 土壤养分的消耗

集约农业耗尽了主要的土壤养分，因此必须施用更高剂量的氮肥和磷肥。另外，土壤中缺乏锌、锰、铁等微量营养素。研究发现，旁遮普邦近 50% 的土壤氮含量低，而其余一半的土壤中氮含量中等。同样，超过 25% 的土壤磷含量低，其余土壤属于中等类型，只有该邦坎迪地区土壤中钾含量充足。由于普遍缺乏氮和种植强度高，不施用氮肥就不可能保持较高产量。在引进高产品种时，通过施用合理剂量的氮可以获得较高产量。然而，随着小麦和水稻的连续丰收，除非施加磷，否则产量水平将无法继续保证。在过去的 15～20 年中，氮肥和磷肥的边际生产力下降到近三分之一。这意味着由于过度开发土壤，旁遮普土壤肥力逐渐下降。

在 1960 年末和 1970 年初，所有农民只需施用主要的植物营养素就能获得较高产量。土壤中的微量营养素水平下降很快，以至于必须补充它们才能维持现有的产量水平。在低洼地区、粗纹理和盐碱化的土壤中，首先显示出缺乏的微量元素是锌。当水稻生长在保水性低的土壤中时，明显出现铁缺乏。除水稻外，高粱、甘蔗、花生、桉树、桃子、多种饲料和观赏植物中也发现了缺铁。随后，专家发现锰缺乏是那些粗纹理土壤中小麦作物歉收的原因。而在这些土壤中，稻麦轮作持续了几年。锰缺乏每年都在增加，因为在水稻生长过程中，锰会从根部浸出。小麦硫缺乏症普遍存在于砂质土壤中。当硫酸被大雨淋滤到根带之外时，这种缺乏会加剧。该邦也检测到硼缺乏，但仅限于有限的土壤中，以及花生和棉花等作物内。同样，该邦的柑橘产量也开始下降，原因是几种营养元素的供应不足而导致严重的营养问题。在某些年份，这些不足甚至进一步扩大。铜、钴、钼等其他微量营养素的不足也在增长，因为必须开发本来就贫瘠的土地，以满足日益增长的粮食需求。

5. 积水和盐碱化

旁遮普邦的灌溉用水没有得到补充，导致地下水位下降和盐碱化。该邦近80%的耕地由运河和管井来灌溉。灌溉通常伴随着积水和土壤盐分，特别是在灌溉用水管理不当的情况下。在旁遮普邦，灌溉也导致了某些地区的积水和土壤盐碱化。

表 3.2.21　旁遮普主要农作物用水需求量　　　　　　　（单位：公顷）

作物	用水需求（厘米）	灌溉面积（1965—1966）	灌溉面积（1985—1986）	增长率
水稻	180	293000	1714000	485
秋季饲料	30	—	422240	—
春季饲料	100	—	299339	—
小麦	45	1548000	3112000	101

资料来源：Karanjot Kaur Brar,*Green Revolution Ecological Implications*,Dominant Publishers,Delhi,1999,p.73.

在上表数据中，旁遮普的水稻和小麦灌溉面积从1965—1966年度到1985—1986年度的20年间，分别从29.3万公顷与154.8万公顷增加到171.4万公顷和311.2万公顷，分别猛增485%与101%。其中水稻的用水需求已经达到180厘米，即使小麦也达到45厘米。

在一些地区，土壤下层水是微咸的，长期用于灌溉，会使土壤变得盐碱化。由于道路和铁轨等人为障碍物堵塞了天然地表排水，导致了积水问题的恶化。受影响最严重的地区是阿姆利则、卡普塔拉、桑格鲁尔和菲洛泽普尔，15%～20%的地区盐碱化。在一些地区，地下水质量非常差，一次灌溉每公顷增加超过100千克盐。即使是更好类型的井水，在一个季节内每公顷也会产生200～400千克的盐。在格达斯波尔、阿姆利则和帕蒂亚拉地区，积水仅限于低洼地区，但在巴廷达的布特拉达区、法里德果德的哈塔尔区和菲洛泽普尔地区的比卡内尔运河两侧地区，积水比例很高。高水位等高线正向巴廷达和马洛乌特一侧推进。这个地区的地下水中含有大量的盐分。在总共190万公顷的积水土壤中，约5万公顷受到严重影响。因此，涝渍和地下水位上升总是伴随着土壤盐碱化。

6. 环境污染

生态环境恶化中最触目惊心的就是环境污染。农药和化肥在推动"绿色革命"中发挥了重要作用，现代品种的高产潜力是在农药和化肥的大量施加的基础上实现的。然而，这些化学品的不合理使用会导致环境中不同程度的污染。

表 3.2.22　印度不同邦黄油的杀虫剂污染

年度	邦	污染程度（ppm）	
		DDT	BHC
1977	德里	2.15	
	古吉拉特	6.44	
	哈里亚纳	4.41	
	旁遮普	4.30	
	拉贾斯坦	4.21	
1978—1979	安得拉	1.69	4.17
	昌迪加尔	5.35	2.10
	德里	1.72	0.79
	古吉拉特	3.26	1.54
	哈里亚纳	6.79	1.84
	卡纳塔克	0.97	1.64
	梅加拉亚	1.63	1.00
	旁遮普	4.84	2.52
	拉贾斯坦	5.28	1.88
	泰米尔纳德	1.80	1.25
	北方邦	1.66	2.04
	西孟加拉	2.47	4.34
1980	德里	3.28	0.30
	古吉拉特	2.35	0.94
	旁遮普	2.53	0.30
1981	古吉拉特	6.33	2.48
	哈里亚纳	0.55	4.07
	喜马偕尔	0.74	0.22
	梅加拉亚	0.32	0.72
	旁遮普	3.42	1.06

资料来源：Dhaliwal,G.S.,*Pesticide contamination of milk and milk products*,in J.O.Nriagu and M.S. Simmons (Eds.)'*Foods Contamination from Environmental Source*s.' John Wiley and Sons,Inc.,New York, 1990.,pp.357-385.

从印度各邦获得的大多数黄油样品被发现含有超过 1.25 ppm（1 ppm = 1 毫

克 / 升，全文特此说明）法定限量的滴滴涕残留。黄油样品含有 0.32 ～ 6.79 ppm
滴滴涕和 0.22 ～ 4.34 ppm 六六六。其中 1978—1978 年度，哈里亚纳黄油样品中
滴滴涕的含量高达 6.79 ppm，而西孟加拉的六六六的含量高达 4.34 ppm。

旁遮普邦每年使用超过 45 种杀虫剂，共计 4352 吨，使用的农药价值超过
5000 万卢比。许多氯化碳氢化合物，如滴滴涕、六六六、艾氏剂，已被频繁用
于保护田间作物和储存的农产品免受虫害的侵害。无差别地使用持久性杀虫剂导
致环境的不同组成部分受到广泛污染，杀虫剂进入土壤并停留很长时间，从水和
农产品运输到食物链，最终渗透到动物和人体中。

在旁遮普邦进行的环境调查表明，滴滴涕和六六六对食品材料的污染是广泛
和普遍的。土壤、池塘水、谷物、植物油、肉类、鱼类、动物饲料、牛奶和奶制
品被发现受到污染，在牛奶和奶制品中发现了农药的最大残留量。

表 3.2.23　旁遮普不同地区牛奶中的农药污染

年度	地点	牛奶供应源	污染程度（ppm）	
			DDT	BHC
1977	阿姆利则	旁遮普乳业发展公司的盐业仓库	0.26	
	珀丁达	旁遮普乳业发展公司的盐业仓库	0.24	
	昌迪加尔	旁遮普乳业发展公司的盐业仓库	0.15	
	卢迪亚纳	旁遮普乳业发展公司的盐业仓库	0.29	
1979	费罗兹普尔	农村地区	0.17	0.40
	贾朗达尔	农村地区	0.39	0.03
	卢迪亚纳	农村地区	0.35	0.05
	桑格鲁尔	农村地区	0.14	0.38
1980	费罗兹普尔	城市地区	0.02	0.04
	卢迪亚纳	农村地区	0.16	0.03
	卢迪亚纳	城市地区	0.12	0.02
	桑格鲁尔	城市地区	0.05	
1980—1981	卢迪亚纳	城市地区	0.24	0.04

资料来源：Dhaliwal,G.S.,*Pesticide contamination of milk and milk products*,in J.O.Nriagu and M.S. Simmons (Eds.) '*Foods Contamination from Environmental Source*s.' John Wiley and Sons,Inc.,New York, 1990.,pp.357-385.

1976 年进行的调查显示，来自卢迪亚纳和周边地区的 73% 的牛奶样品中含有的滴滴涕残留量（平均值 0.26 ppm）高于法律允许的 0.05 ppm。1977 年，从位于阿姆利则、巴廷达、卢迪亚纳和昌迪加尔的牛奶厂获得的牛奶样本中，滴滴涕残留量超过了允许限值，平均水平在 0.15 ～ 0.29 ppm。1979 年、1980 年和 1981 年期间，旁遮普邦牛奶中滴滴涕污染的情况也大致相同。同样，在菲洛泽普尔、贾伦达尔、卢迪亚纳和桑格鲁尔农村地区和城市地区的牛奶样本中检测到六六六残留（0.02 ～ 0.40 ppm）。1977 年、1978—1979 年、1980 年和 1981 年滴滴涕污染的平均水平分别为 2.15 ～ 6.44 ppm、0.97 ～ 6.79 ppm、2.35 ～ 3.28 ppm 和 0.2 ～ 6.33 ppm。1978—1979 年，1980 年和 1981 年的六六六污染水平分别为 0.79 ～ 4.34 ppm、0.30 ～ 0.94 ppm 和 0.22 ～ 4.7 ppm。

甚至婴儿配方奶粉中的滴滴涕含量也在 1.52 ～ 2.72 ppm，平均值为 1.9 ppm。根据一项对从卢迪亚纳和穆克则采集的人类母乳样本的研究，发现滴滴涕和六六六的污染水平远高于许多其他国家报告的水平。穆克则母乳中滴滴涕和六六六的平均污染水平分别为 0.62 ppm 和 0.22 ppm。卢迪亚纳的母乳中滴滴涕和六六六的含量分别为 0.35 ppm 和 0.11 ppm。穆克则的母乳污染水平较高，这表明作为棉花种植区，这里使用的杀虫剂比卢迪亚纳更多。据估计，在滴滴涕的平均污染水平为 0.26 ppm 时，牛奶导致婴儿每天摄入 225 微克的滴滴涕，这是可接受的每日摄入量的 9 倍。婴儿配方奶粉导致婴儿每天摄入 47 微克的滴滴涕，这是允许摄入量的 2 倍。在卢迪亚纳和穆克则，婴儿通过母乳摄入的滴滴涕分别是可接受的每日摄入量的 13 倍和 24 倍。

旁遮普邦通过谷物、蔬菜、肉类、蛋类、牛奶和奶制品摄入的滴滴涕和六六六的总摄入量远高于发达国家。卢迪亚纳的人体脂肪样本中滴滴涕和六六六的平均含量分别为 9.1ppm 和 4.1 ppm。很明显，"绿色革命"对环境的不同组成部分造成了严重污染。

化肥的使用在提高旁遮普邦粮食产量方面发挥了特别重要的作用。化肥施用使印度的粮食产量增加了 30%，仅旁遮普邦就增加了 50%。旁遮普邦每公顷作物的氮消耗量从 1970—1971 年的 33.1 千克增加到 1988—1989 年的 111.1 千克。而过度施用化肥导致地下水质量恶化。卢迪亚纳区约 90% 的井水中硝酸盐含量不低于 45 ppm。一项研究表明，卢迪亚纳地区井水的硝酸盐含量随地下水位深度的增加而显著增加，并与单位面积每年添加的肥料氮量呈正相关。

　　亚硝酸盐与血红蛋白反应生成高铁血红蛋白，对成年人来说影响不大，但对婴儿来说，却可能致命。在高铁血红蛋白血症的影响下，血液的携氧能力受损，出现类似窒息的情况。硝酸盐中毒也会影响牛，尤其是反刍动物，因为瘤胃中的微生物会将硝酸盐还原为亚硝酸盐。硝酸盐在旁遮普的甜菜、菠菜、萝卜和芜菁等一些蔬菜中的浓度通常很高。硝酸盐也会在喂给牛的食物中大量积累，从而造成危害。湖泊、池塘和溪流中富含硝酸盐和磷酸盐，使水生植物（包括浮游生物和藻类）的富营养化，会加大氧气消耗，导致鱼类和其他水栖动物无法生存。

结 语

　　英迪拉·甘地是印度"绿色革命"的发起者，也是印度农业现代化的推动者。英迪拉的第一任任期（1966—1977）内，"绿色革命"蓬勃发展，高歌猛进，印度农业快速发展，取得举世瞩目的成绩。第二任任期（1980—1984）是"绿色革命"缓慢发展与巩固时期，农业科技的边际效用逐渐降低，农业增长势头减缓，甚至停滞。因为"绿色革命之乡"旁遮普分离运动中的金庙事件所激发的锡克教徒的民族情绪，1984年10月31日，英迪拉被自己的锡克卫兵刺杀，其子拉吉夫·甘地继任，"绿色革命"接近尾声。拉吉夫主张科技兴国，全面引进世界最新的科学技术，力图振兴印度的电子信息产业。在电子信息产业大展宏图时，拉吉夫及其内阁却忽视了对农业的继续投入，印度农业发展缓慢，甚至有些邦的农业增长率出现下降趋势。1991年5月21日，拉吉夫·甘地在泰米尔纳德邦首府马德拉斯被斯里兰卡"猛虎组织"成员炸死，"绿色革命"彻底宣告结束。

　　P. V.Narasimha.拉奥继任总理（1991—1996），面临社会动荡，经济困难。新莫罕政府彻底抛弃了尼赫鲁与英迪拉的经济发展战略，实行经济的改革开放，印度经济从半封闭状况开始走向全面开放。财政部部长，经济改革的总设计者辛格曾经说道，印度经济迎来了工业和农业的第二次革命。拉奥政府在信息软件与生物技术等产业加大政府投资，并取消外贸许可证制度；还改革财政金融政策，压缩财政赤字、抑制通胀、紧缩信贷以及提高利率，印度经济迎来了前所未有的快速增长。拉奥政府也对农业采取了一些新政策与措施：增加农田水利建设、改善农村信贷体制、金融扶贫等。但这些政策和措施相较工业经济领域来说，则显得微不足道，更何况拉奥政府还取消了关于化肥价格、食品等的农业补贴，导致农业领域的投资严重不足，水利工程老化，农村贫困率上升，贫富差距加大。瓦杰帕伊政府时期，印度农业更加边缘化。农业投资快速减少，贫富不均更加严重，农民生活甚至出现倒退。2002年，印度农业出现全面衰退，农业全面减产，最终导致印度人民党 2004 年败选。

莫罕·辛格继任总理后，在访美期间接受《华尔街日报》专访时曾说，印度需要第二次农业革命，利用现代生物技术和其他前沿技术的进步，使印度农业进入一个新的发展期。莫罕·辛格重启对印度农业的重视，采用农业新科技发展新农业，同时避免"绿色革命"时期面临的生态环境恶化问题。第一，引进现代生物技术及其他前沿技术，开启第二次"绿色革命"。政府投入大量资金用于印度的农业研究，并加强各邦农业科技的研究和推广，引进国外先进农业科学与管理技术，使生物技术及其他前沿技术尽快在农业中应用，减少化肥农药的施用量。第二，政府大量投资于水利灌溉系统的建设与改造，并对水利资源进行科学管理，以利于粮食产量的快速提高。第三，改善印度农产品市场销售机制，并制定与执行对农业有益的政策和措施。第四，明确土地所有权制度，实施农业工人综合保护法，加大扶持农机具、农村电气化等产业，增加农村剩余劳动力的就业机会。第五，政府加强计划生育宣传，采取有效措施实行计划生育。辛格政府采取多维度、多层次的农业政策和措施开启的第二次"绿色革命"，使印度农业迈入了一个新阶段，粮食产量大幅增长，农村贫困率不断下降。而且在农业发展的同时，避免了生态环境的恶化，推动印度农业现代化向纵深发展。

从印度第二次"绿色革命"的内容可以看出，其受"绿色革命"的影响颇深，也是从农业科技入手，加强灌溉工程的建设与改造，推广农业机械化，深化农业商品化、资本化等。这也从另一个侧面说明了英迪拉政府开启的"绿色革命"的历史意义，是印度农业现代化的先驱，其经验和教训持续影响着印度农业发展和农业现代化进程。

参考文献

一、英文文献

（一）英文资料

1.A.N.Agrawal,*India Economic Information Year Book*,1989-1990.

2.CATO ,Institute,*Foreign Aid an India:Financing the Lwciathan State*,Washington DC,1992.

3.CMIE,*Basic Statistics Relating to the Indian Economy*,Vol.1,1988.

4.*Developing India's Wastelands ,Minstry of Envinonment&Forests*,1990.

5.Deptt. Of Agriculture,Punjab,1966-1989.

6.*Economic Statistics Summary of Punjab*,1960-1978.

7.*Economic Survey* 1973-1988.

8.*FRUS，Vol.19,1961-1963*,United States Government Printing Office, Washington.

9.Government of India Ministry of Agriculture：*Agricultural Statistics at a Glance 1965-1969*.

10.Government of India,*Planning Commission*

——*The First Five Year Plan*(1951-1956).1952

——*The Second Five Year Plan*(1956-1961).1956.

——*The Third Five Year Plan*(1961-1966).1961.

——*The Forth Five Year Plan*(1969-1974).1969.

——*The Fifth Five Year Plan*(1974-1979).1974.

——*The Sixth Five Year Plan*(1980-1985).1980.

——*The Seventh Five-Year Plan*(1985-1990).1985.

11.*Indian Agricultural Statistics*,1974.

12.*Indian Agriculture Brief*, 21st Edition,1986.

13.Indian Agricultural Commission,*Brief Repor*t,*1976.*

14.Indian Gov,*Economic Overview,1981-1982.*

15.M.F.Ahmed,I*n-Dedth Country Stydu-India.Fao*,1997.

16.*Ministry of Agriculture Department of Agriculture & Cooperation*,2008.

17.*Ministry of Finance,Government of India.Economic Survey*,2001.

18.*Ministry of food and Agriculture,Govt. of India,* 1954-1955 to 1983-1984.

19.P.C.Bansil,*Indian Agricultural Statistics*,1974.

20.*Punjab Government Data Center*,1970-1990.

21.*Report of Indian Delegation on the IX World Forestry Congress*,1985.

22.*Social and Educational Statistics of Punjab,1978-1985.*

23.*Statistical Abstracts of Punjab,1966-1988.*

（二）英文报纸

1.*Indian Business*,1982 Issue.

2.*Indian Business Weekly.*

3.*Indian Economic Times.*

4.*The Times of India.*

（三）英文专著

1.Ahluwalia,Isher Judge, '*The Contribution of Planning to Indian Industrialisation*', in Terence J.Byres(ed.),1998.

2.Albert,David G.,George S.Tolley and G.K.Kripalani,*Technical Change and Income Distribution in Indian Agriculture*,Westview Press,Boulder,1994.

3.Amart Singh&A.N.Sadhu,*Agricultural Problems in India*,Bombay,1986.

4.Andrew Pearse,*Seeds of Plenty Seeds of Want*,Oxford University Press,New York,1980.

5.B.Agarwal,*Mechanization in Indian Agriculture*,Allied Publishers Private Limited,New Delhi,1983.

6.B.S.Hansra and A.N.shukla,*Social,Economic and Political Implications of Green Revolution in India*,Classical Publishing Company,New Delhi,1991.

7.Benjamin Robert Siegel,*Hungry Nation Food,Famine,and the Making of Modern India*,Cambridge University Press,New York,2018.

8.Bernhard Gleaser,*The Green Revolution Revisted:Critique and Alternatives*,Routledge,New Delhi,2011.

9.Bhandari,D., *Social Tensions and Poltical Consciousness as a Result of GreenRevolution*,M.Sc.dissertation,Department of Journalism, PAU,Ludhiana,1982.

10.Bharadwaj Krishna,*Agricultural Price Policy for Growth:the Emerging Contradictions*,in Terence J.Byres(ed.),1998.

11.Binoy Goswami,*Indian Agriculture after the Green Revolution:Changes and Challenges*,Routledge,New Delhi,2017.

12.Dani Wadada Nabudere,*Form Agriculture to Agricology:Towards a Global Circular Economy*,Johannesburg:Real African Publishers,2001.

13.Darling,Malcolm L., *Punjab Peasant Life*,Cosmopublication New Delhi,1984.

14.David G. Abler,*Technical Change and Income Distribution in India Agriculture*,Westview Press,Oxford,1994.

15.Francine R.Frankel,*India's Green Revolution:Economic Gains and Political Costs*,Princeton University Press,Pinceton,1971.

16.Gerald E.Sussman,*The Challenge of Integrated Rural Development in India:A Policy and Management Perspective*,Westview Press,Boulder,1980.

17.Grewal,S.S.&P.S.Rangi,*An Analytical Study of Growth of Punjab Agriculture*,Research Bulletin,Department of Economics & Sociology,PAU,Ludhiana,1983.

18.Grewal,S.S.,Sindu,S.S. and P.S.Rangi,*An Analysis of Farm Incomes in Punjab*,Department of Economics & Sociology,PAU,Ludhiana,1986.

19.Himmat Singh,*Green Revolutions Reconsidered:The Rural World of Contemporary Punjab*,Oxford University Press,New York,2001.

20.Kahlon, A.S.,*Modernization of Punjab Agriculture*,Allied Publishers,Pvt. Ltd.,New Delhi,1984.

21.Kahlon, A.S.,*The Dynamics of Punjab agriculture*,Punjab Agriculture University Press,Ludhiana,1972.

22.Kapila,Uma,*Agricultural Development:Various Aspects*,Academic Foundation,Delhi,1990.

23.Karanjot Kaur Bear,*Green Revolution:Ecologic Implications*,Dominant Publishers and Distributors,Delhi,1999.

24.Kenneth A.Dahlberg,*Beyond the Green Revolution:The Ecology and Politics of Global Agricultural Development*,Plenum Press,New York,1979.

25.Krishna M.Singh,*Mohar Singh Meeca,Role of State Agricultural Universities and Directorates of Extension Education in Agricultural Extension in India*,https:// mpra.ub.uni-muchen.de/49108/1/Mpra_paper_49108.pdf.

26.Lamartine P.Yates,*Mexico's Agricultural Dliema*,The University of Arizona Press,1981.

27.Lameck Luwanda,*The Unintended Health Consequence of the Green Revolution in Punjab,India*,Grin Verlag,2018.

28.M.L.Jhingan,*The Economics of Development&Planning*,Vrinda Publications,Delhi,2005.

29.M.S.Randhawa,*A History of Agriculture in India:Volume Ⅳ 1947-1981,Indian Council of Agriculture Reserch*,New Delhi,1986

30.M.S.Randhawa,*Green Revolution:a Case Study of Punjab*,Vikas Publishing House Pvt Ltd,Delhi,1974.

31.Mishra & Puri,*Indian Economy*,New Delhi,1992.

32.Murray J.Leaf,*Song of Hope:The Green Revolution in a Punjab Village*,New Jersey:Rutegers University Press,1984.

33.N.S.L.Srivastava,*Farm Power Source,Their Availability and Future Requirements to Sustain Agricultural Production.Status of Farm Mechanization in India*, 2003.

34.Patnaik,Utsa,*The Long Transition:Essays on Political Economy*,Tulika,New

Delhi,1999.

35.Rajendra Vora,*Socio Economic Profile of Rural Indian:North-Central and Western India*,Concept Publishing Company,New Delhi,2005.

36.Rajeshwar Dayal,*Community Development,Panchayati Raj and Sahakari Samaj*,Metropolitan Book Co.Private LTD.,Delhi,1965.

37.Randhawa, M.S.,*Green Revolution in Punjab*,Punjab Agri. University, Ludhiana,1974.

38.Randhawa, M.S.,*Green Revolution*,Vikas Publishing House,Delhi,1974.

39.Randhawa, M.S.,*Green Revolution—A Case Study of Punjab*, Vikas Publishing House,Delhi,1974.

40.Sharma,M.L. and T.M.Dak, *Caste and Class in Agrarian Society*,Ajanta Publications,Delhi,1985.

41.Sindu,M.S. and Grewal,S.S., *A Study on Migrant Agricultural Labour in Punjab*, Department of Economics & Sociology,PAU,Ludhiana,1986.

42.Singh,Balwinder, *Impact of Advanced Agricultural Technology on Social and Cultural Life of Rural People-A case Study,M.Sc.dissertation*, Department of Journalism, PAU,Ludhiana,1981.

43.Singh,I.p.,*Rural Income Distribution Analytical Study of Punjab*,B. K.Publishers,Delhi,1986.

44.Swamy Subramanian,*India's Economic Performance and Reforms:A Perspective for the New Millennium*,Konark Publishers PVT LTD,Delhi,2000.

45.Thomas T.Poleman and Donald K.Freebairn,eds.,*Food,Population,and Emploment:The Impact of the Green Revolution*, Praeger Publishers,New York,1973.

46.Uma Kapila edited,*Indian Economy Since Independence*,Academic Foundation Publication,New Delhi.

47.Vandana Shiva,*The Violence of the Green Revolution:Third World Agriculture, Ecology and Politics*,Zed Books Ltd,London,1991.

48.Varshney Ashutosh,*Democracy,Development,and the Countryside:Uiban-Rural Struggles in India*,Cambridge University Press,New York.

（四）英文论文

1.C.I.Machia,*The Oriental Economist*, Volume 31, Issue 9, August 29, 1958.

2.D.S.Sidhu and Derek Byerlee, *Technical Change and Wheat Productivity in Post-Green Revolution Punjab*, Economic and Political Weekly , Dec. 28, 1991, Vol. 26, No. 52.

3.Gajendra Singh,*Agricultural Mechanisation Development in India*,Ind.Jn.of Agri.Econ.Vol.70,No.1,Jan.-March 2015.

4.*India and FAO Achievements and Success Stories,FAO Resentation in India*,March 2011.

5.K.S.Jalihal,*Impact of Farmers Training Camp on Adoption of Improved Practices of Hybrid Maize*,Ind.Jou. of Extn.Edu.XII,June.

6.Mruthhaya,*Ranjitan,the Indian Agricultural Research System:Struture,Crurent Policy Issues and Furture Orientation*,World Develoment,1998.

7.Poonam Singh,*Trends of Public and Private Investment in Indian Agriculture:an Inter State Analysis*,Journal of Humanities and Social Science,Vol.19.11 Nov.2014.

8.R.N.Chopram,*Evolution of Food Policy in India,Economic and Political Weekly*,Vol.6,no,20,1981.

9.Raju J.Das,*Geographical Uneveness of India's Green Revolution*,Journal of contemporary Asia,May 2007.

10.W.D.Posgate,*Fertilizers for India Green Revolution:the shaping of Government policy,Asia Survey*,Vol.14,No.8,Aug,1974.

二、中文文献

（一）专著

1. 陈桥驿 . 印度农业地理［M］. 北京：商务印书馆，1996.

2. 冯立冰 . 基金会，冷战与现代化——福特基金会对印度农业发展援助之研究（1951—1971）［M］. 北京：中国社会科学出版社，2017.

3. 黄思骏 . 印度土地制度改革研究［M］. 北京：中国社会科学出版社，1998.

4. 黄祖辉，林坚，张东平 . 农业现代化：理论、进程与途径［M］. 北京：中国农业出版社，2003.

5. 金永丽 . 印度农业发展道路探索［M］. 北京：中国农业出版社，2006.

6. 李了文，李德昌，何承金，等 . 印度经济［M］. 北京：人民出版社，1982.

7. 林承节 . 独立后的印度政治经济社会发展史［M］. 北京：昆仑出版社，2003.

8. 水利部计划司，水利电力信息研究所 . 国外水利投资与回收政策［M］. 北京：中国农业出版社，1994.

9. 司马军，周圣葵，焦福军 . 印度农业［M］. 北京：农业出版社，1986.

10. 孙培钧，刘创源 . 南亚国家经济发展战略研究［M］. 北京：北京大学出版社，1990.

11. 孙培钧 . 中印经济发展比较研究［M］. 北京：北京大学出版社，1991.

12. 王立新 . 印度“绿色革命”的政治经济学：发展、停滞和转变［M］. 北京：中国社会科学出版社，2011.

13. 王玮，戴超武 . 美国外交思想史［M］. 北京：人民出版社，2007.

14. 殷永林 . 独立以来的印度经济［M］. 昆明：云南大学出版社，2001.

15. 尤建设 . 美国对印度援助研究（1951—1971）［M］. 北京：中国社会科学出版社，2008.

16. 朱昌利 . 印度农村经济问题［M］. 昆明：云南大学出版社，1991.

（二）译著

1. 鲁达尔·达特，K.P.M. 桑达拉姆 . 印度经济·下册［M］. 雷启淮，译 . 成都：四川大学出版社，1994.

2. 罗梅什·杜特 . 英属印度经济史下册［M］. 北京：三联书店，1965.

3. 约翰·H. 帕金斯 . 地缘政治与“绿色革命”：小麦、基金与冷战［M］. 王兆飞，译 . 北京：华夏出版社，2001.

（三）期刊

1. A.G. 巴代，李岚然.印度的农业与农药工业［J］.农药译丛，1989（02）.

2. B.R. 贾根，S. 多莱雷，周克敏.印度利用灌溉系统发展小水电［J］.浙江水利科技，1994（01）.

3. 曹雪琴.农业保险产品创新和天气指数保险的应用——印度实践评析与借鉴［J］.上海保险，2008（08）.

4. 陈世军.印度的农业技术推广［J］.世界农业，1996（10）.

5. 葛芸芳.印度农业机械化概况［J］.广东农机，1995（03）.

6. 郭晓茹.印度农民化肥合作社印象［J］.江苏农村经济，2008（05）.

7. 华碧云.印度——世界银行的最大受益者［J］.世界知识，1989（05）.

8. 黄思骏.英国殖民统治时期印度农业的商品化［J］.历史研究，1995（03）.

9. 黄正多，李燕.印度农业现代化的技术性选择——基于“绿色革命”基础上的分析［J］.南亚研究季刊，2008（04）.

10. 金永丽.“绿色革命”后印度土地关系的新变化［J］.鲁东大学学报，2007（01）.

11. 金之华.印度的杂交玉米育种和种子生产［J］.世界农业，1992（03）.

12. 京海.“绿色革命”在东南亚［J］.东南亚研究，1981（01）.

13. 拉玛钱德朗.印度农业信贷政策的经验与教训［J］.农村金融研究，2009（11）.

14. 兰玉杰.科技进步与各国农业发展及其启示［J］.农业现代化研究，1999（02）.

15. 劳伦斯·维特，越德生.世界银行——国际援印财团对印度援助的来龙去脉［J］.国际经济评论，1980（08）.

16. 刘巽浩.从不能自给变为商品粮基地——印度旁遮普邦农业考察［J］.世界农业，1983（06）.

17. 刘忠岫.印度的种子销售体系［J］.世界农业，1996（03）.

18. 刘子忠.试析印度“绿色革命”以来农村地区间的劳动力转移［J］.南亚

研究，2001（02）．

19．罗忠玲．印度种业政策的改革及影响［J］．世界农业，2004（11）．

20．戎谊．印度的农业工业［J］．农药译丛，1983（05）．

21．孙培钧．关于印度旁遮普邦农业资本主义发展的初步探讨［J］．南亚研究，1979（01）．

22．孙士海．印度农业合作社的发展、作用与问题［J］．南亚研究，1988（01）．

23．王立新．农业资本主义的理论与现实："绿色革命"期间印度旁遮普邦的农业发展［J］．中国社会科学，2009（05）．

24．王立新．印度"绿色革命"国外研究：路径、观点和问题［J］．史学月刊，2007（07）．

25．王亚密．印度的化肥工业［J］．现代化工，1985（02）．

26．王野田，李琼，单言，等．印度农业再保险体系运行模式及其启示［J］．保险研究，2019（01）．

27．吴永年．印度的第二次绿色革命［J］．南亚研究，2006（02）．

28．肖军．"绿色革命"对印度农业发展的影响［J］．世界农业，2017（01）．

29．益德．印度农产品的销售［J］．南亚研究季刊，1990（03）．

30．张敏秋．印度的科技兴农——业绩与问题［J］．南亚研究季刊，2001（01）．

31．张秀倩，刘海彬．美国、日本与印度的农业补贴政策比较［J］．世界农业，2012（11）．

32．张治华．印度旁遮普农业大学与旁遮普农业［J］．世界农业，2000（01）．

33．赵自勇．印度"绿色革命"的政治经济分析［J］．华南师范大学学报，1993（01）．

34．钟真，郑力文．印度乳品质量安全管理体系的经验［J］．世界农业，2013（04）．

（四）学位论文

1．曾泳心．印度旁遮普邦农业发展及其影响、启示研究（1966—2004）［D］．

桂林：广西师范大学，2017.

2.何文岸.印度"绿色革命"农业科技问题研究［D］.桂林：广西师范大学，2020.

3.吴丹.英·甘地政府时期"绿色革命"研究［D］.芜湖：安徽师范大学，2016.

4.严磊.论"绿色革命"以来印度农业现代化的主要特征［D］.太原：山西大学，2006.

5.章媛媛."绿色革命"以来旁遮普锡克教运动与该邦政局的演变研究［D］.武汉：华中师范大学，2008.